Trabalhar para quê?

Trabalhar para quê?

BARRY SCHWARTZ

tradução de
DINAURA M. JULLES

Copyright © 2015 Barry Schwartz
Copyright da tradução em português © 2018 Alaúde Editorial Ltda.

Título original: *Why we work*
Publicado mediante acordo com a editora original, Simon & Schuster, Inc.
TED, o logo TED e TED Books são marcas da TED Conferences, LLC.

Todos os direitos reservados. Nenhuma parte desta edição pode ser utilizada ou reproduzida – em qualquer meio ou forma, seja mecânico ou eletrônico –, nem apropriada ou estocada em sistema de banco de dados sem a expressa autorização da editora.

O texto deste livro foi fixado conforme o acordo ortográfico vigente no Brasil desde 1º de janeiro de 2009.

INDICAÇÃO EDITORIAL: Lauro Henriques Jr.
PREPARAÇÃO: Ibraíma Dafonte Tavares
REVISÃO: Raquel Nakasone, Rosi Ribeiro Melo
CAPA: Chip Kidd
ADAPTAÇÃO DE CAPA: Amanda Cestaro
PROJETO GRÁFICO: MGMT. design
ILUSTRAÇÕES: Christine Rösch
IMPRESSÃO E ACABAMENTO: EGB – Editora e Gráfica Bernardi

1ª edição, 2018
Impresso no Brasil

Dados Internacionais de Catalogação na Publicação (CIP)
(Câmara Brasileira do Livro, SP, Brasil)

Schwartz, Barry
  Trabalhar para quê? / Barry Schwartz ; tradução de Dinaura M. Julles. -- São Paulo : Alaúde Editorial, 2018. -- (TED books)
  Título original: Why we work.
  Bibliografia.
  ISBN 978-85-7881-564-6

  1. Administração 2. Autoajuda 3. Autorrealização 4. Desenvolvimento pessoal 5. Qualidade de vida no trabalho 6. Trabalho - Aspectos psicológicos 7. Trabalho - Filosofia I. Julles, Dinaura M. II. Título. III. Série.

18-18829 CDD-658.31422

Índices para catálogo sistemático:
1. Psicologia do trabalho : Administração   658.31422

2018
Alaúde Editorial Ltda.
Avenida Paulista, 1337,
conjunto 11
São Paulo, SP, 01311-200
Tel.: (11) 5572-9474
www.alaude.com.br

Compartilhe a sua opinião
sobre este livro usando as hashtags
#TrabalharParaQuê?
#TEDBooksAlaude
#TEDBooks
nas nossas redes sociais:

 /EditoraAlaude
 /EditoraAlaude
 /AlaudeEditora

Para Ruby, Eliza, Louis e Nico.
Que a sua vida seja repleta de oportunidades de bons trabalhos.

SUMÁRIO

INTRODUÇÃO	A pergunta crucial	13
CAPÍTULO 1	A lógica falsa	17
CAPÍTULO 2	Quando o trabalho é bom	23
CAPÍTULO 3	Como o trabalho bom fica ruim	48
CAPÍTULO 4	A tecnologia das ideias	75
CAPÍTULO 5	O futuro do trabalho	100
AGRADECIMENTOS		107
REFERÊNCIAS E LEITURA COMPLEMENTAR		109
SOBRE O AUTOR		115

"As ideias de economistas e de filósofos da política, tanto quando estão certos como quando estão errados, são mais poderosas do que se imagina. Na verdade, o mundo é governado por pouco mais do que isso. Homens pragmáticos, que acreditam estar isentos de quaisquer influências intelectuais, são, em geral, escravos de algum economista morto."

John Maynard Keynes

Trabalhar para quê?

INTRODUÇÃO

A pergunta crucial

Trabalhamos para quê? Por que nos arrastamos para fora da cama todas as manhãs em vez de viver uma vida de prazeres e aventuras? Que pergunta boba! Trabalhamos porque precisamos ganhar a vida. Claro, mas será isso mesmo? Óbvio que não. Quando você pergunta para as pessoas que estão satisfeitas com o trabalho por que elas fazem aquele trabalho, o dinheiro quase nunca é citado. A lista de razões não monetárias que as pessoas apresentam para fazer o seu trabalho é longa e convincente.

Os trabalhadores satisfeitos estão comprometidos com o trabalho. Eles mergulham no trabalho. Não o tempo todo, é claro, mas com frequência suficiente para ser importante para eles. Os trabalhadores satisfeitos são desafiados pelo trabalho que exige esforço — e que os tira da zona de conforto. Esses felizardos acham que o trabalho é divertido, tão divertido quanto fazer palavras cruzadas e *sudoku*.

Quais os outros motivos para as pessoas trabalharem? As pessoas satisfeitas fazem o seu trabalho porque sentem que estão no comando. O expediente lhes proporciona certa autonomia e poder de decisão. E elas usam essa autonomia e esse poder de decisão para atingir o nível de maestria e especialização. Elas aprendem coisas novas e desenvolvem-se profissional e pessoalmente.

Essas pessoas fazem o seu trabalho porque ele é uma oportunidade de entrosamento social. Elas realizam muitas das tarefas como parte de uma equipe, mas, mesmo quando estão trabalhando sozinhas, têm muitas oportunidades de interação social.

Por fim, essas pessoas estão satisfeitas com o trabalho porque acreditam que aquilo que fazem é significativo. O seu trabalho tem potencial para fazer diferença no mundo. Ele melhora a vida de outras pessoas de forma significativa.

É claro que poucas profissões têm todas essas características, e suspeito que nenhuma mantenha todas o tempo todo. Mas são elas que nos fazem sair de casa e também levar trabalho para casa, que nos incentivam a conversar sobre o nosso trabalho e nos deixam em dúvida quanto à aposentadoria. Nós não trabalharíamos se não fôssemos pagos para isso, mas esse não é o principal motivo para fazermos o que fazemos. E acredito que as recompensas materiais são, em geral, um motivo muito ruim para trabalhar. Na verdade, quando dizemos que alguém "faz isso por dinheiro", não estamos apenas fazendo uma descrição; estamos emitindo um julgamento.

As diversas fontes de satisfação com o trabalho geram perguntas muito importantes. Por que será que para a expressiva maioria das pessoas o trabalho tem poucos ou nenhum desses atributos? Por que será que, para a maioria de nós, o trabalho é monótono, sem sentido e frustrante? Por que será que, à medida que o capitalismo se desenvolvia, ele foi criando um modelo de trabalho no qual as oportunidades de satisfação não material que poderia gerar — e inspirar um trabalho melhor — foram sendo reduzidas ou eliminadas? As pessoas fazem *esse* tipo de trabalho — em fábricas, restaurantes de *fast-food*, depósitos de lojas virtuais, escritórios de advocacia, salas de aula, clínicas e escritórios — por dinheiro. Por mais que tentem encontrar significado, estímulo ou espaço para autonomia, elas são derrotadas pelas condições de trabalho. O modo como seu trabalho é estruturado significa, na verdade, que há poucos motivos para manter esses empregos além do salário.

Segundo um relatório extenso publicado em 2013 pela Gallup, sediada em Washington, nos Estados Unidos, há duas vezes mais trabalhadores "ativamente descomprometidos" no mundo do que "comprometidos", que gostam do que fazem. A empresa mede o índice de satisfação de funcionários há quase duas décadas, tendo entrevistado um total de 25 milhões de empregados em 189 países diferentes. A versão mais recente da pesquisa coletou informações de 230.000 trabalhadores em tempo integral e meio período em 142 países. A Gallup descobriu que apenas 13 por cento de todos os trabalhadores estão comprometidos com o trabalho. Essas pessoas têm paixão pelo que fazem e passam os dias ajudando as organizações a progredir. A grande maioria de nós, cerca de 63 por cento, não se sente comprometida. Não temos interesse, passamos os dias como sonâmbulos, colocando pouca energia no nosso trabalho. E os restantes se sentem totalmente descomprometidos; na verdade, *odeiam* o trabalho. Em outras palavras, o trabalho é muito mais uma fonte de frustração do que de realização para quase 90 por cento dos trabalhadores do mundo. Pense no desperdício social, emocional e talvez até econômico que esse dado estatístico representa. Na metade do tempo que passam acordados, 90 por cento dos adultos fazem coisas que prefeririam não fazer, em lugares onde prefeririam não estar.

As perguntas da Gallup captam muitos dos motivos para trabalhar que acabei de mencionar. A pesquisa aborda aspectos como a oportunidade de fazer o trabalho "bem-feito", de fazer o melhor, de ter incentivo para progredir e aprender, de ser bem aceito pelos colegas e supervisores, de sentir que as nossas opiniões têm valor, de sentir que o que fazemos é importante e de ter bons amigos. Para a esmagadora maioria das pessoas, o trabalho fica abaixo das expectativas — muito abaixo. A pergunta é: por quê? Este livro apresentará uma resposta.

1 A lógica falsa

Durante mais de dois séculos, absorvemos, como sociedade e como indivíduos, algumas ideias falsas sobre a nossa relação com o trabalho. Segundo um dogma da economia aceito há muito tempo e apoiado por algumas teorias da psicologia, se você quiser que alguém — um funcionário, um aluno, um servidor público, seu próprio filho — faça alguma coisa, você terá que fazer valer a pena. As pessoas fazem coisas em troca de incentivos, de recompensas, de dinheiro. Essa abordagem pode ser observada na "teoria da cenoura e do chicote", que vem sendo empregada para resolver a recente crise econômica mundial. Afirma-se que, para evitar a ocorrência de um novo desastre financeiro, precisamos substituir os incentivos "tolos" que o causaram por outros mais "inteligentes". Temos que acertar nos incentivos. Na verdade, nada mais importa. Essa ideia animou o inventor do livre-mercado, Adam Smith. Em 1776 ele escreveu em *A riqueza das nações*:

> É um interesse inerente a todos os homens viver da maneira mais tranquila possível, e se a remuneração for exatamente a mesma quer eles realizem ou não alguma tarefa muito trabalhosa, eles a realizarão da forma mais descuidada e desleixada que a autoridade permitir.

Em outras palavras, as pessoas trabalham pelo salário — nem mais, nem menos. A crença de Smith no poder dos incentivos levou-o a defender a divisão do trabalho em unidades simples, repetidas com facilidade e essencialmente sem sentido. Contanto que as pessoas fossem pagas pelo que faziam, não importava muito no que os empregos implicavam. Ao dividir o trabalho em pedacinhos, a sociedade ganharia enorme eficiência produtiva. Ao enaltecer as virtudes da divisão do trabalho, Smith apresentou a famosa descrição de uma fábrica de alfinetes:

> Um homem estica o arame, outro o endireita, o terceiro corta-o, o quarto faz a ponta, o quinto esmerilha-o para receber a cabeça [...]. Vi uma pequena fábrica desse tipo na qual havia apenas dez homens empregados [...]. Eles conseguiam produzir mais de 48.000 alfinetes por dia [...]. Mas se eles todos os tivessem forjado de forma separada e independente [...] cada um deles não teria conseguido fazer vinte.

Como veremos adiante, Adam Smith enxergava os seres humanos de maneira bem mais sutil, complexa e matizada do que se pode apreender das citações acima. Ele não acreditava que a ideia de "homens no trabalho" representasse a história toda, nem mesmo a história mais importante, a respeito da natureza humana.

Porém, nas mãos dos seguidores de Adam Smith, grande parte da sutileza e das nuances foi perdida. Mais de um século depois, as ideias de Adam Smith sobre o trabalho orientaram Frederick Winslow Taylor, pai da "administração científica". Taylor utilizou estudos meticulosos de tempo e movimento para refinar a fábrica, conforme idealizada por Adam Smith, de modo que os operários fossem partes de uma máquina bem azeitada. Ele elaborou sistemas de remuneração que forçavam os operários a trabalhar duro, trabalhar rápido e trabalhar com precisão. Pouco depois disso, a visão de Adam Smith encontrou eco no pensamento de B. F. Skinner, uma importante figura da psicologia de meados do século XX. Os estudos de Skinner com ratos e pombos, que realizavam tarefas simples e repetitivas, inúmeras vezes, em troca de recompensas na forma de comida e água, forneceram o manto de rigor científico e a justificativa teórica para as inovações do local de trabalho elaboradas por Taylor. Skinner demonstrou que o comportamento dos animais poderia ser influenciado profundamente e controlado com precisão por meio da manipulação da quantidade e da frequência das recompensas. Assim como Taylor descobriu que o pagamento por peça (um preço fixo para cada tarefa concluída) produzia alto desempenho na fábrica, Skinner percebeu que o pombo equivalente ao pagamento por peça tinha alto desempenho no laboratório.

Poderíamos nos perguntar por que alguém decidiria trabalhar na fábrica de Adam Smith colocando cabeça nos alfinetes, minuto após minuto, hora após hora, dia após dia. A resposta dele era, sem dúvida, que as pessoas não gostariam de trabalhar na fábrica de alfinetes. Que elas não gostariam de trabalhar em lugar nenhum. O que Adam Smith estava nos dizendo era que o único motivo pelo qual as pessoas fariam qualquer tipo de trabalho era o pagamento resultante. Contanto que produzisse pagamentos adequados, o trabalho em si não tinha a menor importância.

Adam Smith estava errado quanto às nossas atitudes e aspirações relacionadas ao trabalho. Mas, como o capitalismo evoluiu à sua sombra, sob a influência da "teoria do incentivo para tudo", desenvolveu-se uma forma de trabalho na qual todas as outras satisfações que poderiam dele resultar foram eliminadas ou negligenciadas. É por essa razão que, no planeta todo, as pessoas ainda se arrastam para o trabalho todos os dias, com poucas expectativas de significado, comprometimento ou desafio. Como não havia outro motivo para trabalhar além do pagamento, trabalhava-se pelo pagamento. E foi assim que a ideia errada de Adam Smith sobre por que as pessoas trabalham se tornou correta.

Não pretendo sugerir que o trabalho fosse uma glória antes da Revolução Industrial. De jeito nenhum. Mas o trabalho de fazendeiros, artesãos e lojistas, por mais difícil que fosse, oferecia às pessoas poder de decisão, autonomia e variedade no que eles faziam todos os dias. Ele proporcionava uma chance de utilizar a engenhosidade para resolver problemas e elaborar formas mais eficientes de realizar o trabalho. Todas essas oportunidades ficaram para trás quando as pessoas entraram pelas portas das fábricas.

Como tornar verdadeiras as ideias falsas

Pode ser que você concorde com Adam Smith. Pode ser que você acredite que, para a maior parte das pessoas, devido à sua natureza, o trabalho significa receber um pagamento e nada mais. Só a "elite" quer desafios, significado e comprometimento, e só a elite pode esperar encontrar isso no trabalho. Além de ser um tanto arrogante, essa visão é incorreta. Muitas pessoas que fazem o que consideramos trabalhos repetitivos — zeladores, operários de fábricas, funcionários de *call centers* — têm outras preocupações além do salário. E muitos profissionais com nível superior trabalham apenas por dinheiro. O que as pessoas buscam no trabalho depende muito do que o trabalho oferece. As condições de trabalho humano criadas pela Revolução Industrial e perpetuadas até hoje em parte graças às ciências sociais têm sistematicamente privado as pessoas da satisfação com o trabalho. Assim, essas condições vêm negando às pessoas uma fonte importante de realização — e produzindo trabalhadores piores em troca.

A lição aqui é que a importância dos incentivos para as pessoas dependerá do modo como o local de trabalho está estruturado. Se ele for estruturado com base na ideia falsa de que as pessoas só trabalham pelo pagamento, criaremos locais de trabalho que transformam essa ideia falsa em verdadeira. Assim, não é verdade que "não se conseguem bons funcionários hoje em dia". É verdade que não se conseguem bons funcionários quando só se oferecem às pessoas trabalhos sufocantes e monótonos. O que é necessário para "conseguir bons funcionários" é oferecer trabalhos que as pessoas queiram fazer. Veremos que essa aspiração por bons trabalhos não é idealismo "utópico". Ela está ao nosso alcance.

É preciso dizer que, com o passar dos anos, a teoria e a prática gerencial passaram por períodos em que as diferentes motivações que as pessoas traziam para o local de trabalho eram reconhecidas — até celebradas — e os gestores eram incentivados a estruturar a vida profissional dos seus funcionários de modo a possibilitar o comprometimento e o engajamento com o trabalho, para o bem do funcionário e da organização. A Teoria Y, de Douglas McGregor, foi uma iniciativa especialmente influente meio século atrás, e Stephen Barley e Gideon Kunda publicaram um artigo importante que documentava como essas ideias sobre gestão floresceram e minguaram com o passar dos anos. Mas, de alguma forma, ideias assim nunca ficam estagnadas. As práticas pouco ortodoxas e atrativas do Google e de outras companhias arrojadas do Vale do Silício podem dar a impressão de que a escravidão da linha de montagem é coisa do passado. Mas, assim como a força gravitacional, a ideia de que as pessoas trabalham apenas por dinheiro continua gerando esperanças estratosféricas sobre o que é possível fazer no local de trabalho terrestre. Com o passar dos séculos, as ideias de Adam Smith sobre a natureza humana se provaram extremamente resilientes.

As ideias ou teorias sobre a natureza humana ocupam um lugar incomparável nas ciências. Não temos de nos preocupar como o cosmos será alterado pelas nossas teorias sobre ele. Os planetas não se importam com o que pensamos ou teorizamos a respeito deles. Mas temos de nos preocupar com o fato de que a natureza humana será alterada pelas nossas teorias sobre ela. Há quarenta anos, o renomado antropólogo Clifford Geertz afirmou que os seres humanos são "animais inacabados". Ele queria dizer que a natureza humana é muito mais o produto da sociedade, sendo, assim, mais criada do que descoberta. Nós "projetamos" a natureza humana ao concebermos as instituições nas quais as pessoas vivem. Então precisamos nos perguntar que tipo de natureza humana queremos ajudar a projetar.

Se quisermos ajudar a projetar uma natureza humana que procure e encontre desafios, comprometimento, significado e satisfação no trabalho, temos de começar a construir nosso caminho para sair de um buraco profundo no qual quase três séculos de conceitos errados sobre motivação e natureza humana nos colocaram, e temos de ajudar a promover locais de trabalho nos quais o desafio, o comprometimento, o significado e a satisfação sejam possíveis.

2 Quando o trabalho é bom

Confrontados com as evidências de que poucas pessoas no mundo têm satisfação com o trabalho, precisamos nos perguntar o porquê. Há duas explicações prontas. Primeiro, muitos de nós acreditamos que apenas certos tipos de trabalho permitem que a pessoa encontre significado, comprometimento, poder de decisão, autonomia e oportunidades de aprender e crescer. Se partirmos desse ponto de vista, o trabalho bom será o reinado de poucos — advogados, médicos, banqueiros, professores, desenvolvedores de *software*, presidentes de empresas, e assim por diante. Para todos os outros seres humanos, o trabalho significará apenas o salário. É assim que as coisas são. Nós e eles.

Como alternativa, podemos assumir a visão de que praticamente todo trabalho tem potencial para ser gratificante. O obstáculo é a incrível eficiência associada ao trabalho repetitivo, do tipo linha de montagem. O trabalho na linha de montagem, que pode ser feito por pessoas com baixa qualificação e pouco treinamento, responde pelo crescimento econômico explosivo que testemunhamos desde o início da Revolução Industrial. O trabalho frustrante é o preço que as pessoas pagam por uma sociedade na qual carros, TV a cabo, celulares e computadores baratos são a norma. Adam Smith certamente articulou essa visão quando falava sobre o crescimento da produtividade que acompanhava a divisão do trabalho na fábrica de alfinetes.

Portanto, ou o trabalho gratificante não é para todos ou o trabalho frustrante é o preço que pagamos pela prosperidade material, ou ambas as coisas. As duas respostas para a pergunta "Por quê?" são plausíveis. Mas ambas estão erradas.

Limpando hospitais

Luke trabalha como faxineiro em um grande hospital universitário. Em uma entrevista para a pesquisadora Amy Wrzesniewski e colaboradores, que estavam estudando como as pessoas estruturam o seu trabalho, Luke relatou um episódio em que limpara o quarto de um jovem paciente que estava em coma — duas vezes. Ele já tinha feito a limpeza uma vez, mas o pai do paciente, que se mantinha em vigília havia meses, não tinha visto Luke limpar o quarto e reclamou. Então Luke limpou-o novamente. Generosamente. Por quê? Luke explicou:

> **Luke:** Eu meio que sabia da situação do filho dele. O filho dele estava aqui havia muito tempo e [...] pelo que fiquei sabendo, o filho tinha entrado em uma briga e ficou paralisado. Foi por isso que ele veio para cá e estava em coma e não saía do estado de coma [...]. [...] Fui lá e limpei o quarto. O pai dele ficava aqui todos os dias, o dia todo, mas ele fumava. Então ele saiu pra fumar um cigarro e voltou depois que eu tinha limpado o quarto. Encontrei com ele no saguão e ele estava furioso [...] dizendo que eu não tinha feito nada. Que não tinha limpado o quarto e tudo mais. No início, fiquei na defensiva, ia discutir com ele. Mas não sei. Alguma coisa mexeu comigo e eu disse: "Sinto muito. Vou limpar o quarto".
> **Entrevistadora:** E você limpou o quarto outra vez?
> **Luke:** É, limpei para que ele me visse fazendo a limpeza [...] consigo entender como ele devia estar. Já fazia uns seis meses que o filho dele estava lá. Ele deveria estar um pouco frustrado,

então limpei de novo. Mas eu não estava chateado com ele. Acho que consegui entender.

Nada sobre essa interação estava previsto no trabalho de Luke como faxineiro. Veja a descrição do cargo dele:

- Operar equipamento de lavagem de carpetes e de limpeza de estofados.
- Operar equipamento mecânico de limpeza e polimento.
- Raspar e encerar assoalhos.
- Manter limpa a área de entrada, varrendo e recolhendo o lixo com pá.
- Limpar os jardins e as áreas internas, recolhendo papéis e lixo.
- Desentupir vasos sanitários, mictórios e canos de pias sem desmontá-los.
- Limpar com esfregão molhado pisos e escadas.
- Recolher e ordenar a roupa de cama suja.
- Operar aspiradores de pó.
- Limpar e encerar móveis, estantes, equipamentos e acessórios.
- Limpar espelhos, o lado de dentro de vidros externos e os dois lados de vidros internos.
- Limpar banheiros e peças sanitárias.
- Armazenar suprimentos para banheiros.
- Tirar o pó de persianas com ou sem o uso de banquinhos.
- Limpar os equipamentos da cabeceira da cama do paciente.
- Fazer a cama e trocar os lençóis.
- Recolher e transportar resíduos hospitalares para o centro de recolhimento.

- Usar esfregão para limpar líquidos ou comida derramados em pisos ou escadas.
- Substituir lâmpadas queimadas.
- Mudar e organizar móveis e acessórios.
- Recolher e transportar a roupa de cama suja para o local adequado.

A descrição de cargo de Luke não diz nada sobre responsabilidade ou cuidado com os pacientes e sua família. Ele tem uma longa lista de tarefas, mas nenhum item sequer menciona a interação com outro ser humano. Segundo essa descrição, Luke poderia estar trabalhando em uma fábrica de sapatos ou em um necrotério, em vez de em um hospital.

Se Luke estivesse fazendo o trabalho previsto na descrição de cargo, teria sido razoável se ele tivesse simplesmente explicado ao pai do paciente que já havia limpado o quarto, e se tivesse chamado um supervisor para fazer a mediação caso o pai continuasse irritado. Luke poderia ter ignorado o homem e ter ido fazer o seu serviço. Ele poderia ter se irritado também.

Mas Luke estava fazendo um trabalho diferente do que a descrição oficial sugeria. Foi isso o que Amy Wrzesniewski e colegas descobriram quando fizeram entrevistas detalhadas com Luke e outros faxineiros do hospital. Os pesquisadores pediram aos faxineiros para falar do trabalho, e eles começaram a contar histórias sobre o que faziam. As histórias de Luke mostraram que as tarefas "oficiais" eram apenas uma parte do seu trabalho real, e que a outra parte essencial do trabalho era fazer os pacientes e suas famílias sentirem-se à vontade, alegrá-los quando estivessem tristes, animá-los e distraí-los da dor e do medo, e ouvi-los atentamente se quisessem conversar. Luke queria fazer mais do que o simples trabalho de limpeza.

O que Luke procurava no trabalho era moldado pelos objetivos — que Aristóteles chamava de *telos* — da organização. O *telos* do hospital — promover a saúde, curar doenças, aliviar o sofrimento — estava incorporado na abordagem de Luke para o trabalho. O aspecto surpreendente que a equipe de Amy Wrzesniewski descobriu sobre Luke e muitos dos seus colegas foi que eles perceberam e internalizaram esses objetivos apesar da descrição oficial de cargo, e não por causa dela. O trabalho que eles faziam era, na verdade, aquele que eles haviam formatado para si mesmos à luz do *telos* dos cuidados médicos. Ben, outro faxineiro, contou aos pesquisadores como ele havia parado de limpar o chão do saguão porque um paciente que estava se recuperando de uma cirurgia grande estava fora do leito, fazendo um pouco de exercício, muito necessário, caminhando devagar pelo saguão. Corey contou como ele ignorou as advertências do supervisor e deixou de passar o aspirador na sala dos visitantes quando alguns membros da família, que passavam o dia todo lá, estavam tirando um cochilo. Esses faxineiros reconfiguraram o seu trabalho tendo em mente o propósito central do hospital.

Job crafting foi o termo que Amy Wrzesniewski e seus colegas cunharam para descrever essa atitude. Luke, Ben e Corey não eram faxineiros comuns; eram faxineiros de um *hospital*. Eles acreditavam que desempenhavam um papel importante em uma instituição cujo objetivo é oferecer cuidados e bem-estar aos pacientes. Assim, quando Luke se deparou com o pai irritado e teve que decidir o que fazer, ele não procurou a resposta na descrição de cargo oficial porque as regras que definiam o seu trabalho não continham nada sobre esse tipo de situação. O que o orientou foi o objetivo de trabalho que ele havia elaborado.

O que possibilitou a Luke trabalhar dessa forma? Primeiro, seu trabalho lhe dava ampla autonomia em termos de interação social com os pacientes. Ele não tinha um supervisor observando-o a cada minuto. Além disso, o desafio de acertar nas interações sociais era interessante. Vencer o desafio exigia mostrar empatia, ser bom ouvinte e ter perspicácia para saber quando ficar nos bastidores e quando ir para a linha de frente, quando brincar e quando confortar. O fato de ter capacidade para fazer bem esse trabalho deixava Luke satisfeito. E provavelmente ajudava a tornar os dias dos pacientes mais satisfatórios também.

Por fim, Luke acreditava nos propósitos do empreendimento do qual fazia parte. Essa crença ajudou a tornar o trabalho significativo. Sim, Luke e seus colegas eram faxineiros. Mas eles eram faxineiros em um *hospital* — um lugar em que os funcionários lutam para curar doenças e aliviar o sofrimento, e onde todos os dias, enquanto as pessoas fazem o seu trabalho, vidas estão em jogo. Como destacou Peter Warr, professor de psicologia do trabalho, para ficarmos satisfeitos com o trabalho, em geral precisamos acreditar no propósito do que fazemos.

A pesquisa de Amy Wrzesniewski sistematiza os aspectos do trabalho que ajudam as pessoas a encontrar significado e satisfação, mesmo em cargos como faxineiro de hospital, que parecem não servir para isso. Ela denomina o trabalho com essas características de "vocação" e diferencia-o daquele que é uma "obrigação" ou uma "carreira". As pessoas que veem o trabalho como um "dever" desfrutam de pouca autonomia e vivenciam o mínimo de comprometimento ou significado. Aquelas que só cumprem com as obrigações veem o trabalho como uma necessidade da vida, trabalham por dinheiro, mudariam de emprego se tivessem a chance de ganhar mais, não veem a hora de se aposentar e não incentivariam os amigos ou filhos a seguir os seus passos. Elas são a incorporação das ideias de Adam Smith sobre as atitudes das pessoas em relação ao trabalho.

As pessoas que veem o trabalho como uma "carreira" geralmente desfrutam de mais autonomia e são mais comprometidas. Elas podem até gostar do que fazem. Mas têm o foco no progresso. Elas se veem seguindo uma trajetória que leva à promoção, a salários mais altos e a um trabalho melhor.

Mas são as pessoas que veem o trabalho como uma "vocação" que o consideram mais gratificante. Para elas, trabalhar é uma das coisas mais importantes da vida e elas estão satisfeitas com o que fazem, o trabalho é parte essencial da sua identidade, elas acreditam que o seu serviço torna o mundo melhor e incentivam os amigos e os filhos a fazer o mesmo tipo de trabalho. As pessoas para as quais o trabalho é uma vocação obtêm muita satisfação com o que fazem.

O que, então, determina o modo como enxergamos o trabalho? Até certo ponto, isso depende das características de cada um. Ou seja, as diferenças nas formas como as pessoas encaram o trabalho são explicadas por atitudes que elas trazem para o trabalho — quem elas são, não o que o trabalho é. Afinal, nem todo faxineiro de hospital é como Luke, Ben e Corey.

O tipo de trabalho é também um fator primordial. É mais fácil encontrar significado e comprometimento em alguns tipos de trabalho do que em outros. Exclua a autonomia, o comprometimento e o significado do trabalho e as pessoas se sentirão menos "vocacionadas" para ele e obterão menos satisfação ao realizá-lo. Como elas obtêm menos satisfação ao fazê-lo, não o fazem tão bem. Como não o fazem tão bem, os supervisores dão-lhes ainda menos autonomia.

As entrevistas de Amy Wrzesniewski com os faxineiros do hospital revelaram, sistematicamente, que a maior fonte de satisfação deles provinha da interação com os pacientes. Era quando eles se sentiam mais úteis, mais importantes e mais competentes. Ter funcionários como Luke é um recurso precioso. Que presente para os pacientes, para o hospital e para os próprios faxineiros ter funcionários que querem fazer parte da missão de cura do hospital, que querem aprender a fazer isso bem e que têm satisfação e orgulho do seu trabalho. "Fazer um paciente sorrir me deixa contente", um faxineiro explicou para Amy Wrzesniewski.

Carlotta, uma colega de Luke, conversou com ela sobre o seu trabalho de faxina em uma unidade do hospital na qual os pacientes se recuperavam de diversas lesões cerebrais e muitas vezes de longos períodos de coma. Carlotta assumiu a tarefa de trocar os quadros dos quartos desses pacientes como uma forma sutil de alegrá-los e sinalizar que eles estavam progredindo. Na descrição de Carlotta: "Às vezes troco os quadros da parede, por exemplo, toda semana, porque nossos pacientes ficam aqui por meses e meses e meses [...] assim eles percebem que estão chegando mais perto de ir para casa". Carlotta foi clara a respeito da alegria que esse tipo de trabalho lhe proporciona:

> Gosto de distrair os pacientes. É do que mais gosto. E isso não faz parte mesmo da minha descrição de cargo. Mas gosto de fazer um show para eles, é isso. Dançar se tiver uma música. Eu danço,

e, se tiver um programa de entrevistas na TV, falo sobre aquela entrevista ou qualquer outra coisa. É do que eu gosto mais. Gosto de fazer os pacientes rirem.

Carlotta não apenas sabia quando e como fazer um paciente rir, mas também ficava contente ao fazê-lo. Ela sabia quando era necessário ter mão forte e coração valente, e isso também tornava o trabalho dela uma fonte de satisfação. Carlotta explicou:

> Um dos pacientes estava agitado e ele era tetraplégico, e por acaso eu estava lá quando ele teve uma crise, então apertei o botão [para chamar os enfermeiros] e pedi que eles entrassem [...]. Estavam tirando sangue de um braço e tentando aplicar uma injeção no outro, mas ele não queria saber de agulhas [...] então fiquei com ele enquanto os enfermeiros faziam o que era preciso porque ele estava escorregando da cadeira de rodas, estava a ponto de desmaiar, e então a enfermeira queria tirar a pressão e ele não deixava porque estava um tanto aborrecido, e expliquei para ele: "Olha, escuta, te dou cinco minutos pra se acalmar, mas eles precisam tirar sua pressão para ter certeza de que está tudo bem, e vou ficar aqui com você". E foi o que fiz, fiquei lá com ele e esperei ele se acalmar e disse para a enfermeira: "Venha tirar a pressão dele". [...] A partir daquele dia acho que ficamos amigos para sempre [...]. Eu só estava no lugar certo, na hora certa.

Luke e Carlotta não foram incentivados ativamente a transformar seu trabalho em vocação. O trabalho significativo e engajado surgiu porque eles queriam transformar o emprego em vocação — e isso é essencial — porque não era proibido.

Por que se proibiria alguém de trabalhar como Luke e Carlotta? Um motivo é a eficiência. Se os faxineiros apenas baixarem a cabeça e forem ticando os itens da sua descrição de cargo, farão "mais". Como resultado, o hospital pode ter menos desses empregados e dar--lhes mais quartos para limpar. O hospital economizará dinheiro.

Um segundo motivo é o desejo dos gerentes de ter controle. Se os faxineiros fizerem apenas o que consta da descrição de cargo, os supervisores podem controlar o que eles fazem controlando a descrição de cargo. Mas se eles começarem a trabalhar por conta própria — desviando-se dos seus *scripts* para entrar em ação quando necessário, o controle passa do gerente para o gerenciado. Há muitos anos, o economista Stephen Marglin escreveu um artigo importante, chamado "What Do Bosses Do?" [Para que servem os patrões?], no qual afirmava que uma consequência fundamental e muitas vezes ignorada da divisão do trabalho na linha de montagem é o fato de ela retirar o controle da pessoa que o está realizando e transferi-lo para o chefe — a pessoa que constrói a linha de montagem.

Então, em nome da eficiência e do controle, um gestor poderia impossibilitar a improvisação de Luke e Carlotta. O trabalho deles ficaria muito empobrecido, e, como resultado, o hospital não funcionaria tão bem.

Fabricando carpetes

Você pode achar que é relativamente fácil encontrar significado e propósito no trabalho — independentemente do cargo — se estiver trabalhando em um hospital que salva vidas todos os dias. Porém, com base na minha própria experiência de observar como são invisíveis os faxineiros e outros que fazem o "trabalho sujo", não acredito que seja nada fácil. Mas vamos imaginar que seja. Você diria a mesma coisa de pessoas que trabalham em uma fábrica de carpetes?

Há cerca de vinte anos, Ray Anderson, o falecido presidente da Interface, uma fábrica de carpetes de imenso sucesso, teve aquilo que descreveu como epifania. Lá estava ele, com mais dinheiro do que ele ou seus herdeiros saberiam como gastar, quando percebeu que sua empresa estava envenenando o ambiente. A fabricação de carpetes é (ou era) uma indústria intensiva de petróleo, e a pegada ambiental da Interface era enorme. Anderson se perguntava de que adiantaria deixar para os netos uma grande fortuna se o preço de acumular aquela riqueza fosse um planeta inabitável. Então decidiu transformar toda a operação da Interface a fim de alcançar a pegada zero até 2020. Ele pressupôs que o desenvolvimento de um novo processo de produção e o compromisso de controle da produção custaria dinheiro — muito dinheiro. Mas queria sacrificar o resultado financeiro para atingir um bem social.

Então a Interface começou a mudar o que fazia, como fazia e o que faria com os resíduos. Em 2013, ela havia reduzido o gasto de energia à metade, substituindo-a por energia renovável, e diminuído os resíduos a um décimo. Quanto do lucro foi sacrificado? Nada! Os funcionários da Interface estavam tão motivados com a oportunidade de trabalhar pelo bem comum, e desafiados pela necessidade de encontrar modificações inovadoras para o processo de produção, que o trabalho foi se tornando mais eficaz e eficiente. E a empresa, percebendo que sua nova missão exigiria participação criativa do topo à base da organização, abrandou a hierarquia e deu aos funcionários muito mais autonomia e controle sobre o que faziam. A força da visão compartilhada da empresa incentivou a colaboração e a cooperação. O progresso rumo à sustentabilidade exigia soluções criativas. Assim, surgiu a cultura que incentivava a abertura e permitia o erro. Nas palavras da empresa:

> A prova da mudança cultural duradoura e bem-sucedida da Interface pode ser encontrada no grande número de inovações concebido e implementado pelos funcionários no chão de fábrica. Os empregados da Interface estão conectados a algo maior do que fabricar carpetes. A sustentabilidade inspirou e empoderou os funcionários com o senso de comprometimento com um objetivo mais elevado.

O resultado da visão de Anderson vinte anos atrás é uma empresa que continua sendo extremamente bem-sucedida e é povoada por funcionários ansiosos para ir trabalhar todos os dias. Ele documentou a transformação da Interface em um livro publicado em 2009, *Lições de um empresário radical*. Você não precisa trabalhar para uma organização que salva vidas para encontrar significado e propósito no que faz. Você só precisa fazer um trabalho que torne a vida das outras pessoas melhor.

Cortando cabelo

É verdade que as pessoas que trabalham na Interface não salvam vidas, mas elas assumiram a missão de salvar o planeta. Poucos de nós conseguem encontrar uma vocação tão nobre no que fazem. E aqueles cujo trabalho não tem impacto global — garçons, encanadores, reparadores de telhado, soldadores, cabeleireiros e funcionários de escritórios? Também nesses casos é possível encontrar significado e satisfação enormes no que se faz. Quando Amy Wrzesniewski estava estudando empregos, carreiras e vocações, uma das amostragens de funcionários era um grupo de assistentes administrativos que trabalhavam em uma faculdade. Ela descobriu que cerca de um terço deles via o trabalho como uma vocação; eles davam suporte logístico essencial para o corpo docente, que trabalhava para moldar as mentes da próxima geração. O que poderia ser mais significativo do que isso?

Para escrever *The Mind at Work* [A mente no trabalho], Mike Rose entrevistou operários todos os dias. O capítulo sobre cabeleireiros é particularmente esclarecedor. Sem dúvida, cabeleireiros precisam adquirir uma série de habilidades técnicas — para corte, tintura e penteado. E muitos, talvez a maioria, consideram que os que eles fazem requer uma boa dose de criatividade. Mas o que torna o trabalho significativo, em minha opinião, é a habilidade que eles adquirem na interação com os clientes. O que uma cliente quer dizer quando pede um corte de cabelo um pouco mais "moderno"? Como fazer uma cliente desistir de um corte de cabelo que fica ótimo no rosto longo e anguloso da modelo da foto que ela trouxe, mas que ficaria horrível em seu rosto redondo? Como ajudar os clientes a se sentirem bem com a sua aparência — confiantes quando saem do salão para enfrentar o mundo? Os cabeleireiros que Rose entrevistou tinham orgulho das suas habilidades técnicas e revelaram a complexidade desse ato aparentemente simples de cortar o cabelo. Mas eles tinham muito orgulho da sua capacidade de entender, conversar e gerenciar as pessoas. Essa era uma parte essencial do trabalho deles. E trabalhar bem poderia fazer uma grande diferença na qualidade de vida das pessoas que eles atendiam.

"É importante ouvir meu cliente", disse um cabeleireiro. "A conversa é a parte mais importante do corte de cabelo." "Não parta do princípio de que você sabe o que os clientes querem", disse outro, "porque eles podem até não saber o que querem." Outro profissional destacou que um cliente pode dizer que quer cortar 2 centímetros e então mostrar 4 centímetros com os dedos. Os clientes satisfeitos dizem coisas assim a respeito dos seus cabeleireiros: "Eles me ouvem", "Eles respeitam o que eu quero", "Eles entendem o que eu quero dizer". Os cabeleireiros que amam seu trabalho amam a complexidade técnica e o espaço para a criatividade. Mas também dizem: "Gosto de fazer as pessoas felizes [...]. Elas saem da minha cadeira contentes com o que fiz para elas. Isso não acontece com muitos empregos, sabe, de você afetar tanto a vida das pessoas". Outro cabeleireiro observou:

> Este é um negócio diferente da maioria; há algo muito gratificante nele. É um dos poucos lugares na nossa sociedade em que se tem permissão para tocar nas pessoas. É muito íntimo. Nós, seres humanos, precisamos de conexão.

A lição dos faxineiros, dos funcionários da fábrica de carpetes e dos cabeleireiros é que praticamente todo trabalho tem potencial para dar satisfação às pessoas. O trabalho pode ser organizado de modo a incluir variedade, complexidade, desenvolvimento de competências e crescimento. Ele pode ser organizado para oferecer aos profissionais certo grau de autonomia. E talvez o mais importante: ele pode ser significativo se estiver relacionado ao bem-estar dos outros.

Nunca é demais enfatizar o último ponto. O pesquisador de gestão Adam Grant e vários colaboradores demonstraram que só por destacar o efeito potencial do trabalho de uma pessoa sobre as outras uma equipe pode ser inspirada. Pense neste exemplo. Muitas universidades empregam estudantes para telefonar para ex-alunos e pais dos alunos atuais para pedir contribuições. O que poderia ser mais desagradável do que um telefonema da sua *alma mater* pedindo dinheiro? Você atende quando o identificador de chamadas mostra quem está telefonando? Em caso positivo, você gentilmente deixa o operador do *call center* terminar a conversa fiada? Se por um milagre você deixar, dará mesmo uma contribuição? Esses telefonemas são chatos e irritantes, depois de todo aquele dinheiro que você pagou pelo curso. Agora, imagine-se do outro lado, passando duas ou três horas telefonando para pessoas que não querem atender e pedindo para pessoas que não querem doar. É uma forma difícil de ganhar a vida, e a taxa de sucesso desses pedidos é ínfima. Mas o que Grant descobriu é que uma intervenção mínima, elaborada para lembrar os estudantes do objetivo dos seus telefonemas, foi transformadora. Grant providenciou a visita de um aluno que ganhara uma bolsa de estudos que mudou sua vida graças a pedidos por telefone como aqueles. O aluno era efusivo e entusiasmado com o aprendizado, e muito grato àqueles que tornaram tudo possível.

Depois de ouvir o aluno, os operadores voltaram para o seu trabalho excruciante. Milagrosamente, o desempenho deles se transformou. Eles fizeram mais chamadas por hora, conseguiram mais contribuições em comparação com um grupo de solicitantes que não haviam ouvido aquele aluno. Mesmo trabalho. Mesmo pagamento. Mas inspirados por ver os efeitos dos seus esforços retratados ao vivo, foram duas vezes mais eficazes. Esse é o poder de atribuir significado e importância ao trabalho.

Talvez seja desnecessário dizer que médicos, advogados, educadores e outros profissionais muitas vezes fazem trabalhos que consideram significativos, importantes e gratificantes. Mas agora vimos que zeladores, operários de uma fábrica de carpetes, cabeleireiros e operadores de *call center* podem alcançar um nível igual de significado e gratificação. Ter um trabalho no qual se tenha satisfação — ou pelo qual se anseia — é mais fácil se ele for desafiador em si, variado e cativante. Ajuda se o trabalho der a chance de usar certas competências e desenvolver outras. Ajuda se houver autonomia. Ajuda se o trabalhador sentir que faz parte de um grupo, com colegas que respeita. E o mais importante, ajuda se o trabalho estiver direcionado para uma meta valiosa, que traga significado e propósito. Os faxineiros do hospital limpavam o chão do mesmo modo que muitos outros o fariam em um prédio de escritórios, mas com um propósito maior. O mesmo poderia ser dito dos operadores de *call center* de Adam Grant. Apesar de um bom trabalho precisar de todas essas características positivas, esta última — o sentido de um propósito maior — pode estar perto de ser indispensável.

Embora todos os faxineiros de hospital entrevistados por Amy Wrzesniewski fizessem o mesmo serviço nominal, nem todos o faziam como Luke ou Carlotta. Então, é possível dizer que quase qualquer serviço poderá proporcionar satisfação se as pessoas adotarem a atitude certa para o trabalho, e que nenhum trabalho dará satisfação se elas não adotarem a atitude correta.

Não há dúvida de que a atitude que as pessoas adotam no trabalho é importante, mas acredito na existência de limites para o que um indivíduo pode fazer, do ponto de vista psicológico, para interpretar um trabalho monótono como significativo. Aquelas pessoas que trabalhavam na fábrica de alfinetes de Adam Smith teriam de fazer muitos malabarismos psicológicos para ver seu trabalho como interessante e com objetivos elevados. Dito isso, muitas vezes não é preciso muito para transformar quase qualquer trabalho em uma oportunidade de encontrar significado e comprometimento. Essa atitude torna o trabalho melhor para os trabalhadores. Também torna o trabalho melhor para as pessoas atendidas e para as empresas que os empregam.

Esse último fato deve levar a uma reflexão. Se o trabalho gratificante gera trabalhadores melhores, com certeza o mercado deveria cuidar para que as empresas organizassem o trabalho de forma a permitir que os funcionários ficassem satisfeitos com o seu serviço. Se o ambiente de trabalho de uma empresa fosse rígido, monótono, hierárquico e punitivo, um concorrente criaria um local de trabalho menos hostil, que gerasse trabalhadores mais produtivos, e tiraria a outra empresa do mercado. Como o mercado existe há muito tempo, poderíamos pensar que as condições de trabalho certamente teriam se desenvolvido para produzir o máximo de eficiência.

Se pensou assim, você se enganou. Tamanho foi o poder da ideologia de desprezar das pessoas com o trabalho legada por Adam Smith que ela vem sendo desenvolvida desde então. O especialista em gestão Jeffrey Pfeffer descreveu-a no livro *The Human Equation*

[A equação humana], no qual Pfeffer não aborda especialmente a questão do que é necessário para criar um local de trabalho em que as pessoas floresçam, mas pergunta o que é necessário para criar locais de trabalho bem-sucedidos — que favoreçam o crescimento, a sustentabilidade e a lucratividade das empresas. Com base na análise de muitas empresas de diferentes ramos de negócios, ele afirma que o que favorece o sucesso das empresas coincide bastante com o que favorece o trabalho bem-feito. Em suas palavras, uma boa empresa prestigia o "grande comprometimento" dos trabalhadores, e trabalhadores muito comprometidos preocupam-se em fazer um bom trabalho. Pfeffer identificou diversos fatores que as organizações eficientes têm em comum:

1. Oferecem alto grau de segurança no emprego, o que conquista a lealdade e a confiança do funcionário.
2. Contam com equipes autogeridas e processo decisório descentralizado. Ou seja, dão aos funcionários bastante autonomia e independência. Isso também aumenta a confiança, além de diminuir a necessidade de funcionários cuja principal função é vigiar outros empregados.
3. Pagam mais do que o mercado exige, o que faz com que os funcionários se sintam valorizados. Mas não dependem muito de incentivos individuais para induzir as pessoas a trabalhar duro. Quando a empresa vai bem, todos os funcionários se beneficiam com alguma forma de participação nos lucros. Todos estão mobilizados.
4. Oferecem bastante treinamento quando as pessoas começam a trabalhar e também em um processo contínuo. Esse treinamento representa um investimento significativo nos

funcionários, que também conquista a lealdade e a confiança deles. O treinamento contínuo significa que os funcionários continuam enfrentando novos desafios e desenvolvendo novas competências. Por outro lado, Pfeffer menciona um estudo que demonstra que, na indústria automobilística, o Japão oferece em média 364 horas de treinamento para cada funcionário novo; a Europa, 178; e os Estados Unidos, 21.
5. Medem o desempenho do funcionário, mas não exageram na mensuração, pois confiam que os seus funcionários vão querer fazer o que é certo para a empresa, e, com treinamento suficiente, vão conseguir.
6. Colocam grande ênfase na missão da empresa, não apenas em discursos ocasionais do diretor-presidente, mas na rotina de todos os níveis hierárquicos da organização.

As empresas que apresentam a totalidade ou a maioria dessas características são líderes no seu ramo, em muitos setores. Ficam para trás as empresas que criam funções que não necessitam de muito treinamento, que dependem de bônus de desempenho e outros incentivos, de supervisão rigorosa, de minimização da responsabilidade e da autonomia individuais e de economia de dinheiro. E Pfeffer sugere algo como uma espiral descendente. A empresa começa a ter problemas devido à baixa lucratividade, aos custos elevados e ao atendimento insatisfatório. Essa situação leva ao corte de custos e torna a empresa enxuta e mesquinha: com menos treinamento, redução de salários, demissões, funcionários de meio período e congelamento de contratações e promoções. Essas mudanças diminuem a motivação do funcionário para atingir a excelência, reduzem o empenho e até pioram o atendimento, geram menos satisfação com o trabalho e aumento da rotatividade, o que, por sua vez, causa mais problemas para a empresa. Em resumo, retirados a autonomia, o comprometimento e o significado do trabalho, as pessoas terão menos satisfação. Quando obtêm menos satisfação no trabalho, elas não o fazem tão bem. Quando não o fazem tão bem, os supervisores retiram ainda mais autonomia. A "cura" agrava ainda mais a doença.

Como transformar o ciclo vicioso em ciclo virtuoso

Como Pfeffer a descreve, a reação instintiva à pressão competitiva — cortar pessoal, pressionar os trabalhadores, monitorar de perto o desempenho — piora a situação ao reduzir a eficiência (e a satisfação) da força de trabalho. Assim, ela cria um círculo vicioso pois, quanto mais os funcionários tentam recuperar sua posição, mais retrocedem. Por outro lado, prestar atenção ao aprimoramento da natureza do trabalho gera o que pode ser chamado de círculo virtuoso. Quando as pessoas encontram comprometimento e significado no trabalho que realizam, ficam felizes em ir para o trabalho e, como a psicóloga Barbara Fredrickson demonstrou, quando as pessoas estão felizes, elas trabalham melhor e com mais inteligência. Grande parte do trabalho de Fredrickson está resumido no livro *Positivity* [Positividade], cuja ideia central é que, quando as pessoas ficam em estados de emoção positiva, elas pensam de maneira expansiva e criativa. Elas estão naquilo que Fredrickson chama de modo "ampliar e construir" de comprometimento com o mundo. Quando as pessoas entram em estados de emoção negativa, por outro lado, elas se retraem e ficam na defensiva, preocupadas se vão cometer erros ou se algo vai dar errado. O perigo nos tira a visão periférica, mas, quando não estamos sob ameaça e temos satisfação com o trabalho que realizamos, nosso estado emocional positivo nos permite realizar um trabalho melhor, que por sua vez gera mais emoções positivas, que promovem um trabalho ainda melhor, e assim por diante. A positividade alimenta a si mesma, criando um ambiente no qual o trabalho vai ficando cada vez melhor e os trabalhadores vão ficando cada vez mais satisfeitos com o que fazem. Todos ganham — os funcionários, os empregadores e os clientes.

Há algo a ser observado na teoria sobre como os mercados competitivos funcionam que deveria nos deixar otimistas sobre a possibilidade de o trabalho gratificante estar ao alcance de todos os funcionários em todas as organizações. Segundo a teoria do mercado, cada transação é chamada de "soma positiva". Em outras palavras, tanto o vendedor quanto o comprador de bens e serviços ganham com a transação. Se eu não fosse me beneficiar com a camisa que estou cobiçando, eu não a compraria. E se você não fosse se beneficiar com a venda dessa camisa para mim, você não a venderia. Então, em tese, todas as transações de mercado deixam as duas partes em melhor situação. Essa soma positiva opõe-se, por exemplo, a um jogo de pôquer, no qual cada dólar que alguém ganha é um dólar que alguém perde. O que essa lógica de mercado significa é que praticamente todo trabalho que as pessoas fazem pode ser visto como um aprimoramento na vida dos clientes, mesmo se for pequeno. E isso significa que praticamente todo trabalho que as pessoas podem fazer também pode ser realizado de forma significativa, com foco nas maneiras como ele pode melhorar a vida dos clientes, contanto que seja muito bem-feito.

Podemos ver o círculo virtuoso em ação na história do Market Basket, uma rede com supermercados localizados em toda a Nova Inglaterra. Em 1917, dois imigrantes gregos, Athanasios e Efrosini Demoulas, abriram uma pequena mercearia em Lowell, Massachusetts. Com o passar do tempo, o mercadinho cresceu e abriu muitas lojas grandes, espalhando-se por toda a Nova Inglaterra, e a liderança foi transferida para a próxima geração. Apesar de o negócio continuar a crescer e prosperar, havia quase sempre conflitos entre os membros da família que eram proprietários e dirigiam a empresa. Os processos judiciais proliferavam, as lutas pelo controle se intensificavam, e as acusações de sabotagem multiplicavam-se. Por fim, o controle acabou nas mãos de dois primos, Arthur S. e Arthur T. Demoulas. Embora Arthur T. fosse o presidente da empresa, Arthur S. detinha o controle por uma pequena maioria de ações, e o conflito continuava. Mas, em meio a isso tudo, a rede de supermercados continuava a prosperar. O Market Basket agora possui mais de setenta lojas e emprega mais de 20.000 funcionários.

Sob quase todos os aspectos, Arthur T. dirige a empresa como se ela ainda fosse uma operação particular, familiar. Os funcionários são bem pagos e têm participação nos lucros. Mas, talvez o mais importante seja o fato de Arthur T. demonstrar por eles um interesse pessoal, conhecer muitos dos empregados pelo nome e estar a par das suas circunstâncias familiares. Ele e seus funcionários também tratam os clientes como família, mantendo os preços baixos e os produtos saudáveis e de alta qualidade. O Market Basket até baixou o preço de todos os produtos em 4 por cento em resposta à desaceleração econômica após o colapso de 2008, quando a vida de muitos clientes foi devastada. "Nossos clientes precisam de dinheiro mais do que nós",

Arthur T. disse. Os funcionários do Market Basket trabalhavam com dedicação, entusiasmo e espírito de cooperação, comprometidos com a visão de que seu trabalho era importante e respeitado, e que estavam desempenhando uma função vital para a comunidade.

Mas nem tudo ia bem. As hostilidades familiares continuavam, e em junho de 2014 Arthur T. foi demitido. Então, aconteceu algo surpreendente. Muitos funcionários reagiram recusando-se a trabalhar. Fizerem isso sob o risco de perder o emprego, em uma época em que ninguém tinha garantia de emprego. E os clientes aderiram, recusando-se a continuar comprando na loja. Eram milhares de pessoas da classe trabalhadora mobilizando-se para apoiar um bilionário. As prateleiras foram ficando vazias. As lojas se transformaram em verdadeiras cidades-fantasma. Essa situação continuou por dois meses, colocando em risco o futuro da empresa. Por fim, no final de agosto de 2014, Arthur T. concordou em comprar o controle acionário dos parentes rivais e recuperou o cargo de presidente. Depois de muitas comemorações, os funcionários voltaram ao trabalho, os produtos voltaram às prateleiras, e os clientes voltaram para os corredores dos supermercados.

"Simplificamos o máximo possível para as pessoas", Arthur T. disse em uma entrevista. "Mantemos o preço baixo e a qualidade alta. Mantemos as lojas limpas e oferecemos os serviços com um sorriso. Se no final tivermos algum sucesso, ele é dividido com os funcionários." Quando lhe pediram para explicar o grande apoio que teve tanto dos funcionários quanto dos clientes, Arthur T. disse:

> Acho que tantas pessoas se envolveram porque afetava todo mundo. Se todos no trabalho receberem tratamento igual e

digno, eles trabalharão com uma dose extra de paixão, com um pouco mais de dedicação. Acredito que essa seja uma magnífica mensagem do mundo dos negócios para o mundo.

Por que achamos histórias como essas tão inspiradoras? Elas nos inspiram porque nos surpreendem. Nós simplesmente não esperamos encontrar esse tipo de dedicação e comprometimento nos caixas, empacotadores, repositores, entregadores ou balconistas — mesmo se nós mesmos fôssemos esses trabalhadores —, nem esperamos que os proprietários de supermercados priorizem qualquer coisa além do lucro. Não esperamos esse tipo de empatia no local de trabalho. No entanto, ela existe no Market Basket. Por quê? E por que tão poucos temos histórias assim para contar sobre o nosso próprio trabalho?

Trabalhando por dinheiro

Nas palavras de Jeffrey Pfeffer, apoiadas pela pesquisa da Gallup sobre satisfação no trabalho, o aspecto mais impactante sobre as boas práticas de gestão é sua raridade. Não podemos esperar que os líderes empresariais se questionem: "Como posso melhorar a vida dos meus funcionários reestruturando o trabalho deles?" Mas com certeza esperaríamos que se perguntassem: "Como posso melhorar o meu negócio reestruturando o trabalho deles?" Como Adam Smith imaginou ao descrever a famosa "mão invisível" do mercado, quando este é competitivo, não precisamos de boas intenções para aumentar o bem-estar humano; a competição entre indivíduos egoístas faz isso por nós. Se a concorrência melhora a vida dos consumidores de bens e serviços, como sem dúvida o faz, com certeza ela deveria também melhorar a vida dos *produtores* de bens e serviços. As boas práticas devem excluir as más. Até certo ponto, em algumas profissões, isso acontece. Os gestores vêm percebendo, aos poucos, que as organizações se beneficiam ao permitir que as pessoas façam o trabalho que elas de fato querem fazer. Mas isso ainda não foi assimilado nas entranhas das organizações. Para a elite instruída, o trabalho não é só dinheiro. Mas, para as massas, o que mais existe além de dinheiro? Lembre-se de Adam Smith:

> É um interesse inerente a todos os homens viver da maneira mais tranquila possível, e se a remuneração for exatamente a mesma quer eles realizem ou não alguma tarefa muito trabalhosa, eles a realizarão da forma mais descuidada e desleixada que a autoridade permitir.

Se você for um empresário que acredita na ideia de Adam Smith sobre as massas, projetará um sistema de gestão baseado nessa crença. Esse sistema dependerá de salários para motivar e de uma rotina simplificada e altamente monitorada para que a preguiça e a falta de atenção não tenham consequências desastrosas. Nesse sistema, Adam Smith terá razão. Por que outro motivo além do salário alguém apareceria na fábrica de alfinetes?

    Os dois métodos padronizados de gerenciar trabalhadores desinteressados são incentivos materiais (salários) e monitoramento estrito do trabalho de rotina. Cenouras e chicotes. O aspecto surpreendente da análise de Pfeffer é que as duas ferramentas têm efeito negativo sobre o comprometimento do funcionário e a satisfação no trabalho. No entanto, elas são as primeiras ferramentas a que se recorre. Elas não apenas impedem que os faxineiros e operários da linha de montagem façam um bom trabalho, mas, como chegam até os níveis mais elevados da organização, podem transformar quase qualquer trabalho em um trabalho ruim.

3 Como o trabalho bom fica ruim: regras e incentivos acima da integridade

Entre o fim do ensino médio e o início da faculdade, tive diversos empregos de verão que me ensinaram muito sobre como é a maior parte dos trabalhos. Em um verão trabalhei em uma fábrica de roupas. Meu serviço era pegar as peças que estavam prontas para serem passadas e levá-las aos passadores. Aqueles homens (eram todos homens) ficavam oito horas por dia, todos os dias, repetindo as mesmas tarefas inúmeras vezes. O calor era intenso na fábrica (não havia ar-condicionado), mas perto das máquinas de passar ele era quase insuportável. E os passadores eram pagos por peça, de modo que, quanto mais rápido trabalhassem, mais ganhariam. E eles trabalhavam muito rápido. A lição que aprendi observando a labuta daqueles homens foi muito simples: não abandone a escola.

Depois de várias semanas nessa tarefa, fui transferido para um serviço diferente, o de levar as peças acabadas para um grupo de mulheres (eram todas mulheres) para a inspeção final antes que as roupas saíssem da fábrica. O trabalho era um pouco menos desagradável para as inspetoras do que para os passadores. Elas ficavam sentadas, e não em pé. Não ficavam perto das insuportáveis máquinas de passar. E ganhavam por hora. Como resultado, o ritmo de trabalho era um pouco mais tranquilo, e elas passavam o tempo conversando e fazendo fofoca enquanto inspecionavam as roupas. Mal prestavam atenção no que estavam fazendo. Assim como os passadores de roupa, elas repetiam o mesmo trabalho inúmeras vezes.

Mas conseguiam torná-lo automático o suficiente para que sua mente pudesse prestar atenção em outra coisa. Não abandone a escola.

No verão seguinte, trabalhei no escritório de uma empresa de ar-condicionado preenchendo relatórios financeiros. Havia meia dúzia de rapazes (éramos todos homens) fazendo exatamente o que eu fazia. O trabalho era entediante. Oito horas pareciam uma semana. E todos precisávamos aparentar concentração, porque trabalhávamos no meio de um salão, rodeados pelas baias dos nossos superiores, e qualquer um deles podia estar nos vigiando em qualquer momento. Não abandone a escola!

No outro verão, voltei para uma fábrica, para trabalhar no departamento de expedição. Tirar as roupas dos cabides, colocá-las em caixas, fechá-las e endereçá-las não era um grande avanço em relação aos meus empregos anteriores. Mas eu adorava esse trabalho. E adorava porque ficava ocupado. Mas o mais importante: eu o adorava porque aquela fábrica pertencia à minha família (uma pequena confecção de roupa feminina), e assim me sentia bastante comprometido em contribuir para os negócios. Observava o que acontecia ao meu redor, pensava em várias formas de tornar o processo produtivo mais eficiente e fazia muitas perguntas. No final do verão, senti que entendia como a minha família ganhava a vida. Devo confessar que pensava muito sobre como o que eu fazia poderia ser significativo e melhorar a vida de outras pessoas, como os trabalhadores da Interface, mas sentir que era parte essencial de uma empresa que valia a pena era o suficiente para me deixar ansioso para ir trabalhar e fazer bem o meu serviço.

Aprendi mais uma lição sobre o que o trabalho pode representar no verão seguinte, quando trabalhei como assistente de pesquisa em um laboratório. A pesquisa envolvia experiências sobre como as recompensas e as punições controlavam o comportamento de ratos e pombos. Apesar de não perceber naquela época, esse trabalho me ofereceu a base conceitual do que eu observara na fábrica de roupas três anos antes.

O problema daquele emprego era que o serviço que eu fazia não poderia ser mais repetitivo e servil: tirar os animais das gaiolas e transportá-los para o local onde a experiência estava sendo feita. Apertar um botão para iniciar a experiência. Voltar uma hora depois para registrar os dados, levar o animal de volta para a gaiola, e repetir o procedimento com o próximo animal. Oito horas por dia de uma atividade bastante desqualificada. Mas para mim era emocionante. Eu estava me tornando um cientista. Eu entendia por que as experiências estavam sendo feitas e como elas poderiam contribuir para a nossa compreensão do comportamento. Embora não fosse parte oficial do meu trabalho, lia os relatórios das experiências anteriores realizadas por outras pessoas e que poderiam contribuir para o que estávamos fazendo. Pensava nas próximas descobertas que poderíamos fazer com base nos resultados da experiência em andamento. E ainda participava de reuniões com todos os que trabalhavam no laboratório — meu professor, estudantes da pós-graduação e da graduação, como eu. Isso também não fazia parte do meu trabalho, mas realizar essas tarefas com entusiasmo tornava o meu emprego oficial muito mais significativo para mim.

Assim, no meu caminho para a vida adulta, fiz trabalhos ruins e trabalhos bons. E a diferença entre os bons e os ruins tinham menos a ver com as minhas próprias tarefas do que com o contexto em que elas estavam inseridas. Alguém que estivesse trabalhando ao meu lado, tanto na empresa da família quanto no laboratório, poderia considerar o seu trabalho apenas um emprego, ou até mesmo um emprego ruim. Mas não eu. Havia significado a ser encontrado nessas atividades e eu conseguia encontrá-lo. A lição que tirei — meio século depois — das minhas experiências variadas com os empregos de verão é que não é preciso muito para transformar um trabalho ruim em bom. E que não é preciso muito para transformar um trabalho bom em ruim. Aqui vamos investigar como transformamos um trabalho bom em ruim, principalmente como resultado da premissa errada de que as pessoas que estão trabalhando não querem estar lá e, portanto, precisam ser monitoradas de perto e incentivadas a fazer o seu trabalho.

Pense na fábrica de alfinetes de Adam Smith. Em nome da eficiência, sua visão era dividir as tarefas em operações simples, que pudessem ser repetidas com facilidade — operações que quase não exigiam treinamento ou habilidade. Era possível ter alguém trabalhando na linha de montagem em pouquíssimo tempo. Segundo os pressupostos de Adam Smith a respeito da natureza humana, o ganho em eficiência era obtido sem nenhum custo. As pessoas eram preguiçosas por natureza e desprezavam o trabalho, de modo que, distribuindo esse tipo de tarefa monótona, o gestor não estava tirando nada delas. O pagamento as motivaria a trabalhar direito e com rapidez.

Henry Ford, sem dúvida, criou o descendente mais famoso do modelo de Adam Smith, e não há dúvida de que ele era eficiente. A linha de montagem de Ford baixou o preço dos automóveis, deixando-os ao alcance das pessoas comuns. Com o passar dos anos, a eficiência das fábricas só aumentou, e F. W. Taylor, no livro *Os princípios da administração científica*, expôs em detalhes microscópicos as melhores maneiras de dividir a produção em tarefas individuais, de modo que fossem necessárias poucas habilidades ou atenção, ou a melhor forma de sistematizar o pagamento, de modo que fosse produzido o máximo de esforço.

A maior parte das fábricas desse tipo já saiu do continente americano, mas ainda se pode observar o mesmo padrão aplicado a versões modernas da fábrica, como *call centers* e centros de distribuição de pedidos. Os funcionários são microgerenciados nos dois ambientes. Nos *call centers*, eles recebem roteiros detalhados a serem seguidos (o que é necessário, já que estão muitas vezes localizados em um país diferente, a milhares de quilômetros de distância, têm problemas com o idioma e, além dos roteiros, não sabem quase nada sobre os produtos ou serviços sobre os quais falam nas ligações telefônicas). Essa é uma maneira eficiente de os seres humanos passarem o tempo? Depende de como se fazem as contas. Quando as pessoas têm esse tipo de trabalho, elas são privadas do significado e do comprometimento que encontramos no último capítulo. Assim, todo empregado passa metade do tempo de vida em estado de privação. Talvez o pagamento compense, mas não acredito nisso. E as pesquisas existentes me dão razão. Em um longo artigo sobre o significado do salário para a satisfação no trabalho, Timothy Judge e colegas analisaram os resultados de 86 estudos que abrangiam cerca de 15.000 empregados. A análise dos dados de todos esses estudos combinados sugeria que o nível do salário tinha bem pouco efeito sobre a satisfação com o trabalho ou com o pagamento.

Assim, é improvável que o salário compense um trabalho rotineiro e sem significado. O mais provável é que esses trabalhadores tenham se resignado a viver um tipo de vida na qual o trabalho não passa de um aborrecimento.

O papel dos pressupostos sobre a natureza humana na manutenção desse tipo de local de trabalho é impressionante. Como Jeffrey Pfeffer detalhou em *The Human Equation*, temos trinta anos de evidências de que organizar o trabalho de forma diferente não apenas proporciona aos trabalhadores a oportunidade de obter alguma satisfação com o que fazem como também melhora os resultados financeiros da empresa. Em um famoso exemplo dos benefícios da produção organizada de forma a obter o comprometimento dos funcionários, a Toyota, cujo sistema de produção dá aos trabalhadores muito mais autonomia e variedade no que fazem do que uma linha de produção típica, assumiu uma fábrica improdutiva da General Motors na Califórnia em 1983. Eles não mudaram a força de trabalho. Eles não mudaram os equipamentos. Mudaram apenas o sistema de produção. O resultado foi uma melhora espetacular tanto na produtividade quanto na qualidade. Quando se cria um ambiente em que os trabalhadores são respeitados, eles querem ficar lá e querem trabalhar. Os custos da mão de obra associados à produção diminuíram quase 50 por centro com o sistema de produção da Toyota.

Há poucas razões para acreditar que somos uma sociedade que aprendeu a lição da Toyota. Na verdade, parece que caminhamos para a direção contrária, transformando os empregos que requerem independência, flexibilidade, desafio e comprometimento no equivalente administrativo do trabalho de chão de fábrica. Pense na educação. Há muitos estudos sobre as falhas da educação nos Estados Unidos que parecem estar bem difundidos. E parece haver ampla concordância em que o único grande fator para determinar o volume de aprendizado das crianças é a qualidade dos professores. E o que fizemos para melhorar a qualidade dos professores norte-americanos? Em boa parte, o que fizemos foi criar sistemas projetados para tornar a qualidade do professor irrelevante. Os especialistas em currículos escolares, sentados nos escritórios dos conselhos de ensino, elaboram programas à "prova de imbecis", explicando em detalhes excruciantes como as lições devem ser ensinadas. A ideia emprestada de Adam Smith, Henry Ford e de F. W. Taylor é a de que, se criarmos um sistema inteligente, não será preciso ter professores inteligentes e dedicados. Meu colega Ken Sharpe e eu documentamos exemplos de ensino regido por normas e roteiros há alguns anos no nosso livro *Practical Wisdom* [Sabedoria prática]. Considere, por exemplo, Christine Jabbari, professora de jardim de infância em Chicago. No 53º dia do ano escolar, Jabbari reuniu-se com todos os outros professores de jardim de infância do sistema de Chicago para tratar de como ensinar a letra B aos alunos. O fichário dela identificava o capítulo do Teste de Iowa de Competências Básicas correspondente ao plano de aulas daquele dia, e apresentava, passo a passo, as perguntas e conversas introdutórias.

> Roteiro para o dia: 053
> TÍTULO: Como ler e apreciar literatura/palavras com "b".
> TEXTO: O banho.
> PARTE EXPOSITIVA: Acomode os alunos no tapete ou na sala de leitura [...]. Explique aos alunos os perigos da água quente [...]. Diga: "Ouçam bem quietinhos enquanto leio a história".
> [...] Diga: "Pense em outras imagens que têm o mesmo som do início da palavra banho".

O roteiro que Jabbari seguia era duas vezes mais longo do que o livro que ela estava lendo.

Ou pense em Donna Moffett, professora do primeiro ano em uma escola pública do Brooklyn. Aos 46 anos, cheia de idealismo e entusiasmo, ela abandonou o emprego de 60.000 dólares por ano como secretária de departamento jurídico para ganhar 37.000 dólares para dar aula em uma das escolas mais problemáticas de Nova York. Quando começou a "parte de alfabetização", às 11h58 de uma quarta-feira de maio, ela abriu o livro didático no Capítulo 1, "Os bichos de estimação são animais especiais". Sua mentora, a professora veterana Marie Buchanan, estava assistindo à aula. Quando Moffett chegou a uma linha sobre um menino que, por maldade, rabiscava a carteira, ela observou, em tom de brincadeira: "Exatamente como alguns alunos aqui". A senhora Buchanan fez cara feia. "Você não precisa falar isso." Quando Moffett chegou a uma página que sugeria um projeto de artes relacionado à história e estava distribuindo folhas de papel, a senhora Buchanan comentou: "Você não terá tempo de terminar isso". Depois da aula, a senhora Buchanan advertiu-a. "Você precisa se preparar para essas aulas e seguir exatamente o guia do professor. Vamos repetir a aula amanhã, e você não poderá improvisar."

O manual do professor que Moffett estava usando (que incluía um roteiro real e especificava o tempo dedicado a cada atividade, de trinta segundos a quarenta minutos) está sendo usado também em centenas de escolas de todo o país. As rotinas fixas e as instruções detalhadas do manual às vezes podem ser úteis para os professores novatos; elas podem funcionar como rodinhas de apoio para quem está aprendendo a andar de bicicleta, pois ajudam o professor a se equilibrar quando começa a ensinar no ambiente caótico de uma escola pública no centro da cidade. Mas não era isso que Moffett esperava encontrar quando mudou de carreira. Quando se candidatou ao programa de ensino de Nova York, ela escreveu: "Quero ensinar em uma sala de aula em que as crianças vivenciem a emoção da surpresa, a alegria da criatividade e as recompensas de trabalhar duro. Meu objetivo é transmitir às crianças, nos seus anos de formação, o puro prazer de aprender". Mas não foi isso o que ela encontrou.

O Conselho de Ensino de Nova York exigia que os professores das escolas com baixo desempenho seguissem um currículo rígido, como se tornou comum em muitos sistemas escolares. Em alguns sistemas, as avaliações anuais dos professores, e até mesmo o pagamento, são baseadas no desempenho dos seus alunos, avaliado em provas padronizadas, e os roteiros dos currículos são elaborados para que os estudantes sejam aprovados nos testes. Em outros sistemas, o tipo de micromonitoramento do comportamento dos professores que a senhora Buchanan estava fazendo como mentora temporária é construído permanentemente no sistema. Os administradores da escola observam os professores, estão armados com um *check list* aplicável a todas as matérias, todos os anos, todas as crianças e todos os professores. Uma hora de ensino é fracionada em várias dezenas de comportamentos observáveis e mensuráveis. Você pode ver a influência de F. W. Taylor em todos esses esforços de reforma do ensino.

Os currículos roteirizados e padronizados estão diretamente vinculados a provas padronizadas, que são a medida mais comum do progresso educacional. Essas provas são de alto risco, pois as escolas e os professores são recompensados (mais dinheiro) ou punidos (corte de recursos, fechamento de escolas, demissões ou transferências de professores) com base no teste de desempenho dos alunos. A maioria

dos estados adota esses sistemas, e a Lei Nenhuma Criança Deixada para Trás, de 2001, exige que todos os estados realizem provas padronizadas de leitura e matemática no terceiro e no oitavo anos. Os sistemas escolares correm o risco de perder a verba federal se os alunos não conseguirem, de forma sistemática, alcançar esses padrões.
As provas padronizadas fizeram nascer currículos roteirizados e padronizados. Como as escolas e os professores são classificados, financiados e pagos com base no teste de desempenho dos alunos, faz sentido mandar os professores utilizarem materiais elaborados explicitamente para os alunos passarem nos exames.

Os defensores dessa abordagem educacional não tinham a intenção de minar o comprometimento, a criatividade e a energia dos bons professores. O objetivo do currículo e dos exames padronizados é melhorar o desempenho dos professores fracos em escolas fracas — ou expeli-los do sistema de ensino. Se os planos de aula estivessem vinculados às provas, os roteiros dos professores diriam o que fazer para preparar os alunos. Todos os professores, novatos ou experientes, fracos ou fortes, teriam que seguir o sistema padronizado.

Na linha de frente, os professores queixam-se muitas vezes do que fica de fora do paradigma de ensinar para as provas, destacando que, no máximo, esses exames são apenas um indicador do aprendizado do aluno. Uma das principais críticas feitas por muitos professores é que o sistema está emburrecendo o ensino. Ele os está desqualificando. Ele não permite que os professores usem critérios, e nem os está ajudando a desenvolver os critérios necessários para ensinar bem. Eles são incentivados, afirma a especialista em educação Linda Darling-Hammond, "a apresentar material que está além do alcance de alguns e aquém do alcance de outros, a sacrificar as motivações internas e os interesses dos alunos com o objetivo de 'dar conta do currículo' e ignorar o *momento de ensinar*, quando os alunos estão prontos e ansiosos para aprender, porque ele está fora da sequência estabelecida para as atividades". Mais cedo ou mais tarde, produzir crianças que podem produzir as respostas certas da mesma forma que produzimos parafusos, calotas ou alfinetes parecerá uma prática normal.

Quase todas as práticas que aprendemos para realizar um bom trabalho são prejudicadas pela dependência de roteiros detalhados para organizar a educação como uma linha de montagem. Trata-se de pura antítese do modelo de trabalho inteligente. Com o passar do tempo, com certeza elas vão produzir a antítese do desempenho inteligente. E a consequência mais trágica da desqualificação é que ela também retira energia, comprometimento e entusiasmo dos bons professores, e exclui esses bons professores do sistema de ensino.

Mas há outro aspecto de muitos ambientes de trabalho modernos que podem ser ainda mais destrutivos para o bom trabalho do que a rotina e a supervisão excessiva. Trata-se da confiança em incentivos materiais como principal motivador dos funcionários. Programas de incentivo elaborados com cuidado para garantir o alto desempenho podem, muitas vezes, causar o contrário — competição entre os funcionários e esforços para manipular o sistema e se sair bem nas métricas utilizadas para atribuir remuneração e bônus sem de fato produzir os resultados que a métrica deveria avaliar. As provas padronizadas que acompanham os roteiros dos professores foram uma tentativa de produzir uma métrica da qual dependeriam os salários, as promoções, os bônus e até o destino de escolas inteiras. Elas levaram os professores a ensinar para as provas, com intermináveis exercícios repetitivos, e em várias cidades resultaram em fraude dos professores, que mudavam as respostas dos alunos.

Na verdade, a roteirização do trabalho dos professores, juntamente com o sistema de incentivos materiais criados para garantir que eles seguissem o roteiro, transformou o que era um atrativo para a profissão em um emprego ruim. O mesmo aconteceu na medicina. No livro *Practical Wisdom* [Sabedoria prática], Sharpe e eu discutimos o caso do dr. David Hilfiker. Aqui está parte da sua própria descrição do trabalho:

> A tabela de preços tornou alguns procedimentos mais lucrativos do que anamneses detalhadas, sessões de aconselhamento ou tempo gasto para confortar um paciente hospitalizado. Havia também muitos serviços que eu fazia e para os quais não havia nenhuma remuneração: retornar telefonemas sobre crianças com febre, dar apoio emocional à família depois de uma morte, participar de reuniões da equipe, para citar só alguns. Mas, apesar da minha discordância consciente dos muitos valores atribuídos pelo preço, percebi que cirurgias, procedimentos, internações hospitalares e o trabalho no pronto-socorro estavam aos poucos se tornando partes cada vez mais importantes do meu trabalho. Ligar para pacientes emocionalmente abalados, gastar tempo informando os pacientes sobre os rumos da doença e a natureza do tratamento, e até obter um histórico médico detalhado foram se tornando tarefas menos essenciais. Não que eu tenha mudado as minhas rotinas conscientemente, mas o dinheiro tem formas poderosas de desvirtuar minha percepção [...]. Não é exagero dizer que o dinheiro entrava em todas as rachaduras da minha vida [...].

Paradoxalmente, quando eu fazia o melhor possível para manipular os pacientes para se ajustarem às necessidades de um consultório administrado com eficiência, era eu quem me transformava em objeto, em máquina [...]. Eu me avaliava ao final do dia pelo que tinha produzido [...]. Eu, com certeza, reconhecia o poder limitado do dinheiro em me proporcionar satisfação, mas, como grande parte do meu dia era estruturado em torno de custos e de como o meu nível de renda se tornara importante para o meu estado emocional, o dinheiro era um valor importante. As doenças dos pacientes e meu serviço tornaram-se *commodities* que eram compradas e vendidas por um preço.

Aqui também a perspectiva do chamado — para curar doenças e aliviar o sofrimento — que levou o dr. Hilfiker à medicina estava desaparecendo de sua experiência diária, que cada vez mais se parecia com um emprego qualquer. E não era só com o dr. Hilfiker. Nos anos 1970, o crescimento de práticas médicas direcionadas para o lucro incentivou — até induziu — os médicos a prestarem atenção aos resultados financeiros. Uma forma de fazer isso é por meio dos acordos de "compartilhamento de riscos" impostos aos médicos pelos seus empregadores. As organizações de assistência médica gerenciada recebiam uma taxa anual por paciente (chamada "captação"). Se um determinado paciente custasse mais do que aquela taxa anual (devido, por exemplo, a vários encaminhamentos para especialistas), a organização teria prejuízo. Aquele acordo incentivava os seus médicos a manterem o mínimo de encaminhamentos para especialistas. O compartilhamento de riscos não *proibia* os médicos de pedir exames e recomendar tratamentos, mas todos os médicos recebiam uma recompensa financeira pela diminuição.

Há motivos legítimos — financeiros e médicos — para a preocupação com os médicos que cometem exageros, o que poderia ser incentivado pela estrutura de taxa por serviços. Mas um esquema de incentivos como o "compartilhamento de riscos" transforma os médicos que exageram em médicos comedidos demais. Precisamos, é claro, de médicos que façam o necessário. Podemos dizer que esses são os bons médicos. Mas existe uma estrutura de incentivos que gera o necessário? O incentivo para os médicos fazerem o que é certo é o desejo de praticar a medicina também. Se eles tiverem esse desejo, não serão necessários outros incentivos materiais. Na verdade, só temos de garantir que os incentivos que estão em vigor não tenham efeitos perversos sobre a qualidade da assistência médica. Afinal, os médicos têm de ganhar a vida. Nós só queremos garantir que aquilo que eles precisam fazer para ganhar a vida não interfira no que é necessário para ser um bom médico.

Não quero sugerir que oferecer incentivos financeiros para médicos restringirem os procedimentos induzirá todos os médicos a fazer menos do que deveriam. Mas não é preciso afetar todos os médicos. Como Atul Gawande documentou em um artigo na *New Yorker* há alguns anos, o que os médicos fazem é muito mais influenciado pelas práticas habituais nas suas comunidades locais. Alguns hospitais de prestígio estabelecem uma proporção de cesarianas, ou uma proporção de lesões nas articulações diagnosticadas por caros exames de ressonância magnética em vez de raios x, mais baratos, e outras instituições seguem a regra. Isso gera diferenças regionais acentuadas na frequência com que esses procedimentos são adotados diante de pouca ou nenhuma diferença nos casos com que os médicos se deparam — ou com os resultados desses casos. Assim, quando os médicos começam a fazer o mínimo porque estão recebendo incentivos para reduzir os procedimentos, ou a exagerar porque estão sendo remunerados por cada procedimento, o que eles fazem pode se tornar a norma da prática, de modo que, ao final, mesmo os médicos sem incentivos podem cometer exageros ou restrições demais.

Pode parecer óbvio que incentivar os médicos a restringir procedimentos é uma má ideia — que levará, inevitavelmente, a um atendimento médico inadequado. Mas não é óbvio demais porque, neste exato momento, o mesmo erro está sendo repetido. Em um esforço para reduzir os gastos com saúde nos Estados Unidos, especialistas defendem a criação de "organizações de saúde responsáveis", grupos médicos cujo desempenho deverá ser medido em comparação com altos padrões de excelência. Até aqui, tudo bem. Não há mesmo nada de errado em esperar que os médicos sejam responsáveis pela qualidade do seu atendimento. Mas os arquitetos do sistema não se contentaram em estabelecer padrões elevados e esperar que os médicos tentem atingir esses padrões. Não. Para incentivar a busca desses padrões elevados, eles sugerem que sejam oferecidos incentivos materiais para quem os alcançar. Existe algum motivo para acreditar que esses esforços serão diferentes em termos de resultados do que os esforços para incentivar os professores a obter excelentes resultados nas provas?

Parece que não importa quantas vezes tenhamos obtido evidências de que os incentivos materiais não produziram os resultados esperados dos profissionais atuantes, recorremos a eles toda vez que queremos mais qualidade. De alguma maneira, os idealizadores do sistema falham sistematicamente em identificar que, quando os incentivos materiais são priorizados, outros valores essenciais para motivar os funcionários são suprimidos.

E são os outros valores os responsáveis pela excelência do desempenho. Isso acontece no chão da fábrica. Isso acontece na educação. Isso acontece na medicina. Isso acontece na advocacia.

Os anos 1980 registraram um aumento vertiginoso na contratação de grandes escritórios de advocacia. A propaganda e o *marketing* desses escritórios cresceram. Novas práticas de honorários passaram a vincular o faturamento da firma aos lucros dos clientes, e a remuneração dos advogados estava cada vez mais atrelada ao desempenho econômico. Conversas a respeito de faturamento e honorários de clientes, mesmo nos grandes escritórios de Wall Street, simplesmente não existiam antes dos anos 1980, afirma Patrick Schiltz, professor de direito que costumava trabalhar para grandes escritórios de advocacia. Mas em pouco tempo os advogados já não falavam de quase mais nada. Publicações especializadas, como *The American Lawyer*, começaram a noticiar com frequência os ganhos dos advogados, publicando vastas pesquisas sobre a remuneração de advogados associados e sócios dos grandes escritórios. Em 1986, a American Bar Association (ABA) estava tão preocupada que criou a Comissão de Profissionalismo, cujo relatório convocava o judiciário, os membros da associação e as faculdades de direito a tomar providências para promover o serviço público e "resistir à tentação de fazer da aquisição de fortuna o primeiro objetivo da prática da advocacia".

O que acontece com os recém-formados das faculdades de direito quando eles vão de fato trabalhar em um desses escritórios é gradual e sutil. A cultura do dinheiro vai se infiltrando aos poucos. Ninguém chama um jovem advogado de lado e diz: "Jane, nós aqui no Smith and Jones somos obcecados por dinheiro. A partir de agora, a coisa mais importante da sua vida é faturar horas e gerar negócios. Honestidade e justiça moderadas são aceitas, mas não deixe que elas interfiram no faturamento".

Schiltz, assim como o dr. Hilfiker, deixou o emprego devido ao que ele estava lhe causando, partiu para o ensino (na Faculdade de Direito de Notre-Dame) e tentou preparar os estudantes para o que os esperava. "Vocês vão ficar antiéticos", Schiltz advertia, "um pouco de cada vez."

Não por "picotar documentos incriminadores ou subornar membros do júri", mas "por aparar uma ponta aqui, esticar a verdade um pouquinho ali". "Isso vai começar", dizia Schiltz, "com os seus registros de horas trabalhadas e a pressão extraordinária para alcançar o número obrigatório de horas faturáveis."

> Um dia, não muito tempo depois de começar a trabalhar como advogado, ao final de um expediente longo e exaustivo, você não terá muito que mostrar dos seus esforços em termos de horas faturáveis [...]. Você ficará sabendo que todos os sócios vão olhar para o seu relatório mensal de horas em poucos dias, e você vai inflá-lo só um pouquinho.

O sistema de horas faturáveis proporciona mais lucros para os sócios do que eles podem ganhar sozinhos. As horas faturáveis são índices de trabalho intenso fáceis de monitorar. E o sistema motiva os associados a gerar números imensos de horas faturáveis, colocando o dinheiro e a promoção no centro das preocupações. A cada dia, o sistema faz o carrossel do trabalho girar mais rápido, com os associados vigiando os seus pares, desesperados para superá-los, na esperança de aumentar as chances de conquistar o prêmio da riqueza e da segurança no trabalho prometido para quem "se torna sócio".

Um dos efeitos do sistema, afirma Schiltz, é minar a devoção do jovem advogado aos interesses do cliente. Para inflar o seu relatório de horas:

> Talvez você fature um cliente por noventa minutos referentes a um trabalho no qual você gastou apenas sessenta minutos. No entanto, você promete a si mesmo que compensará o cliente na primeira oportunidade, prestando-lhe trinta minutos de serviços "grátis". Dessa forma, você estaria "fazendo um empréstimo" e não "roubando". [...] E então o que acontece é que vai ficando cada vez mais fácil pegar esses pequenos empréstimos a serem deduzidos em futuros trabalhos. E então, depois de um tempo, você deixará de pagar esses pequenos empréstimos. Você se convencerá de que [...] fez um trabalho tão bom que o cliente deveria pagar um pouquinho mais por ele.

Outra consequência é que a dedicação do jovem advogado à verdade e aos seus colegas de trabalho também sofrerão. As mentirinhas nos relatórios de horas acabarão se tornando um hábito.

> Você vai estar ocupado e seu colega vai pedir para você revisar um longo prospecto e você dirá sim, mesmo se não o fizer. E então você estará redigindo um documento jurídico e citará um trecho de um parecer da Suprema Corte apesar de saber que, lido no contexto, o trecho nem de longe sugere o que você está dando a entender que ele sugere.

Depois de alguns anos, Schiltz disse aos estudantes, nem se percebe que as mentiras e as trapaças se tornaram parte da sua prática diária. "Toda a sua estrutura de referências vai mudar", e as dezenas de decisões difíceis que terão de tomar todos os dias "refletirão um conjunto de valores que incorporam não o que é certo ou errado, mas aquilo que é lucrativo e aquilo do que vocês conseguem escapar impunemente."

"Aquilo que é lucrativo", "Aquilo do que vocês conseguem escapar impunemente". Observe como isso se encaixa na crença de que as pessoas trabalham (só) pelo dinheiro. A única forma de fazer as pessoas trabalharem duro, trabalharem bem e trabalharem da forma correta é fazer com que o trabalho valha a pena — remunerando-as pelo trabalho duro e bom. Exatamente como Adam Smith teria dito. E qual é o problema? Suponha que um advogado se dedique a atender seus clientes e servir à justiça. Fazer valer a pena para ele só o levará a trabalhar mais ainda. Suponha que um médico se dedique a aliviar o sofrimento e curar doenças. Fazer valer a pena para ele só o tornará mais comprometido. E fazer valer a pena para um professor dedicado só o tornará mais engajado na sua tarefa. Em outras palavras, se as pessoas já tiverem uma razão para fazer algo bem (o compromisso de se superar no trabalho) e alguém lhes der um segundo motivo (incentivos financeiros), a motivação só aumentaria. É mera questão de lógica que duas razões são melhores do que uma.

Quem dera! Durante quarenta anos, psicólogos e economistas estudaram essa aparente premissa lógica de forma empírica, e descobriram que ela não se sustenta. Acrescentar incentivos financeiros a situações em que as pessoas estão motivadas a trabalhar duro e bem sem eles parece minar, em vez de intensificar, os motivos que as pessoas já têm. O economista Bruno Frey chama isso de "expulsão motivacional pela força do número". Os psicólogos Edward Deci, Richard Ryan e Mark Lepper comentam como a motivação "extrínseca", como a busca do dinheiro, mina a motivação "intrínseca".

Aqui está um exemplo. Uma creche em Israel enfrentava um problema: cada vez mais pais chegavam tarde — depois que estava fechada — para buscar as crianças. Como a creche não podia simplesmente fechar e deixar as crianças pequenas sentadas sozinhas nos degraus esperando os pais atrasados, os funcionários tinham que ficar. Os apelos para chegar no horário não surtiram o efeito desejado, e a creche recorreu a uma multa por atraso. Agora os pais tinham dois motivos para chegar no horário. Era sua obrigação e eles pagariam uma multa se não cumprissem com aquela obrigação.

Mas a creche teve uma grande surpresa. Quando impôs uma multa por atraso, os atrasos aumentaram. Antes da cobrança da multa, cerca de 25 por cento dos pais chegavam atrasados. Quando a multa foi implantada, a porcentagem dos que chegavam tarde subiu para cerca de 33 por cento. Como as multas continuaram, a porcentagem de pais atrasados continuou a aumentar, chegando a cerca de 40 por cento na 16ª semana.

Por que as multas tiveram esse efeito paradoxal? Para muitos pais, parecia que a multa era apenas um preço (na verdade, "Uma multa é um preço" era o título do artigo que relatava essa descoberta). Sabemos que uma multa não é um preço. Um preço é o que você paga por um bem ou serviço. É uma troca voluntária. Uma multa, por outro lado, é uma punição por uma transgressão. Uma multa de 25 dólares por estacionamento não é o preço pago para estacionar; é a penalidade por estacionar em local proibido. Mas não há nada que impeça as pessoas de interpretar uma multa como um preço. Se for preciso pagar 30 dólares para deixar o carro em um estacionamento no centro da cidade, pode-se calcular que é mais barato estacionar na rua, em local proibido. Toda a noção de moral da penalidade se perde. Não se está fazendo algo "errado"; está se fazendo o que é mais econômico. E para que se pare de agir assim, é preciso tornar a multa (preço) por estacionar em local proibido mais cara do que o preço do estacionamento.

Foi exatamente isso o que aconteceu na creche. Antes da cobrança de multas, os pais sabiam que era errado chegar atrasado. Obviamente, muitos pais não consideravam essa transgressão séria o suficiente para deixar de cometê-la, mas não há dúvida de que o que eles estavam fazendo estava errado. Mas, quando as multas foram estipuladas, a dimensão moral do seu comportamento desapareceu. Agora era um cálculo meramente financeiro. "Estão me dando permissão para chegar tarde. Isso custa 25 dólares? É um preço que vale a pena pagar para ficar no escritório mais alguns minutos? Claro que sim!" A multa permitiu aos pais recalibrar o seu comportamento em troca de uma "taxa" (a multa) por um "serviço" (quinze minutos de cuidados extras). As multas desmoralizaram o que era um ato moral. E é isso o que os incentivos podem fazer em geral. Eles podem alterar a pergunta na mente das pessoas de "Isto é certo ou errado?" para "Vale a pena pagar o preço?"

Se for perdida, a dimensão moral é difícil de ser recuperada. Quando, já perto do final do estudo, as multas por atraso foram suspensas, os atrasos aumentaram ainda mais. No final do estudo, a incidência de atrasos havia quase dobrado. É como se a introdução das multas tivesse alterado de modo permanente a visão dos pais para aquela situação, de uma transação moral para uma transação econômica. Quando as multas foram suspensas, o atraso havia se tornado simplesmente um bom negócio.

Com certeza não há nada de tolo na cobrança de uma multa por atraso. Qualquer um poderia ter recorrido a essa mesma ferramenta. Mas se trata de um pequeno passo em falso em uma ladeira escorregadia que abrange desde a creche de Israel até os professores que ensinam só para as provas e os médicos que indicam procedimentos com o olhar fixo no resultado financeiro.

Outro exemplo dos efeitos desmoralizantes dos incentivos é descrito em um estudo sobre a vontade dos cidadãos suíços de ter depósitos de resíduos nucleares nas suas comunidades. No início da década de 1990, a Suíça se preparava para um referendo nacional sobre onde instalar depósitos de resíduos nucleares. Os cidadãos tinham opiniões firmes sobre o assunto e estavam bem informados. Os pesquisadores bateram de porta em porta e perguntaram aos cidadãos se eles queriam ter um depósito de lixo nuclear na sua comunidade. Surpreendentemente, 50 por cento dos participantes da pesquisa disseram sim — apesar de as pessoas em geral considerarem que esse tipo de lixo é potencialmente perigoso e desvaloriza os imóveis. O lixo tinha que ir para algum lugar, e, gostassem ou não, as pessoas tinham obrigações como cidadãs.

Os pesquisadores fizeram então uma pergunta um pouquinho diferente. Perguntaram às pessoas se elas gostariam de ter depósitos de lixo nas suas comunidades caso recebessem um pagamento anual equivalente ao valor de seis semanas de um salário médio da Suíça. Esse incentivo deu às pessoas que já tinham um motivo para dizer sim — a obrigação como cidadãs — um segundo motivo. No entanto, em resposta a essa pergunta, apenas 25 dos participantes concordaram. O acréscimo do incentivo financeiro reduziu a aceitação à metade.

O estudo dos pais israelenses e o dos cidadãos suíços são surpreendentes. É mais provável que peçamos um prato saboroso que nos faça bem do que um que seja apenas gostoso. É mais provável que compremos um carro confiável e econômico do que outro que seja apenas confiável. Mas, quando os pais daquela creche receberam um segundo motivo para chegar no horário — a multa —, ela minou o primeiro, que era fazer o que é certo. E os suíços que receberam duas razões para aceitar um depósito de resíduos nucleares tinham menor probabilidade de dizer sim do que aqueles que tinham uma só razão. Então as razões nem sempre se somam, elas competem entre si.

Um estudo de James Heyman e Dan Ariely chega a uma conclusão parecida. Eles perguntaram às pessoas se elas gostariam de ajudar a colocar um sofá em uma caminhonete. Um valor pequeno foi oferecido para alguns, para outros não. Os participantes do estudo podem interpretar a tarefa como uma transação social (fazer um favor para alguém) ou financeira (trabalhar por remuneração). Quando a oferta de dinheiro estava ausente, eles tendiam a ver a situação em termos sociais e concordavam em ajudar. A oferta de pagamento induzia os participantes a reconfigurar a transação como sendo financeira. Aí o pagamento precisaria ser significativo.

Pode parecer que, se você está inclinado a fazer um favor para alguém, a oferta de remuneração deveria dar-lhe uma segunda razão para fazer o que você já pretendia fazer. Uma vez mais, duas razões são melhores do que uma. Exceto pelo fato de não serem. A oferta de dinheiro diz às pessoas, de forma implícita, que elas estão atuando no domínio financeiro/comercial, e não no domínio social. A oferta de dinheiro faz com que elas se perguntem: "Será que vale o meu tempo e esforço?" Esse não é o tipo de pergunta que as pessoas se fazem quando alguém lhes pede um favor. Assim, as razões sociais e as financeiras competem entre si.

Esse tipo de competição motivacional nem sempre ocorre, e apesar dos anos de evidência empírica, acredito que ela ainda não é bem entendida. Mas, com certeza, a lição é que os incentivos podem ser uma ferramenta perigosa. Um crítico dessa pesquisa poderia dizer que o problema não é o incentivo, mas sim os incentivos tolos. Sem dúvida, alguns incentivos são mais tolos do que outros. Mas nenhum incentivo pode ser bom o suficiente para substituir o que é certo para as pessoas que querem fazer o que é certo. Por que os incentivos são um instrumento tão fraco?

A principal razão é que a maioria dos empregos — e com certeza todos os trabalhos que envolvem interações substanciais com outras pessoas — são organizados em torno do que se denominam contratos *incompletos*. Alguns dos deveres estão especificados de forma explícita, mas muitos não estão. Os médicos previnem doenças, fazem o diagnóstico, tratam delas e aliviam o sofrimento. Mas exatamente como eles realizam essas atividades fica a critério deles — com diretrizes, é claro, mas apenas com diretrizes. E como eles interagem com os pacientes fica a critério deles. Os advogados atendem seus clientes, mas como eles fazem isso — quando e como eles orientam, e como eles advogam — cabe a eles decidir. Os professores disseminam conhecimento, mas a melhor forma de chegar a cada criança fica a critério deles. Ser cuidadoso e sensível com os pacientes e suas famílias não faz parte do "contrato" dos faxineiros de hospitais, nem há normas ou procedimentos que especificam como ser cuidadoso.

Normas e roteiros detalhados podem permitir que façamos contratos mais completos, mas caminhar nessa direção comprometerá a qualidade dos serviços que os médicos, advogados, professores e faxineiros prestam. Contratos mais completos nos permitem incentivar o que achamos que queremos ("Faça as tarefas A, B e C da forma X, Y e Z e você ganhará um bônus"). Mas o que realmente queremos é "fazer um esforço de boa fé para fazer o que for preciso para alcançar o nosso objetivo". Podemos ter confiança de que nossos prestadores de serviço farão "o que for preciso" só se tiverem a vontade de fazer o que é certo. Quanto dependemos dessa boa fé por parte dos empregados, mesmo na fábrica, em cenários de linha de montagem, é revelado por um tipo de protesto sindical que foi popular há muitos anos. Quando surgia uma controvérsia com os gestores, em vez de entrar em greve, os sindicatos às vezes recorriam ao "trabalho segundo a regra". Os funcionários faziam exatamente o que estava especificado nos contratos de trabalho — e nada mais. Esses movimentos de trabalhar segundo as regras paralisavam a produção — o que talvez fosse previsível.

Quando perdemos a confiança no fato de as pessoas quererem fazer o que é certo e recorremos a incentivos, descobrimos que elas nos dão aquilo para o qual são pagas. Os professores ensinam só para as provas, de modo que as notas ficam mais altas sem que os alunos aprendam mais. Os médicos fazem mais ou menos procedimentos (dependendo dos incentivos) sem melhorar a qualidade dos serviços médicos. Os faxineiros fazem apenas "o seu serviço", deixando um rastro de pacientes infelizes e sem conforto. Como o economista Fred Hirsch disse há quarenta anos, "quanto mais se escreve nos contratos, menos se pode esperar na ausência deles; quanto mais se anota, menos se obtém ou se espera da confiança". A solução para contratos incompletos não passa por contratos mais completos, mas pelo cultivo de relações profissionais nas quais as pessoas querem fazer o que é certo em prol dos clientes, pacientes e alunos que eles atendem.

William Sullivan, o filósofo que virou cientista social, apropriou-se de grande parte desse conceito no livro *Work and Integrity* [Trabalho e integridade]. Seu argumento é basicamente que, como sociedade, pensamos que é possível fazer as coisas sem a integridade dos profissionais desde que criemos um bom conjunto de regras práticas, combinadas com um esquema inteligente de incentivos. Não é possível. Não existe na verdade um substituto para a integridade que inspire as pessoas a fazer um bom trabalho porque elas querem trabalhar bem. Quanto mais confiamos em incentivos como substitutos da integridade, mais precisaremos confiar neles como substitutos da integridade. Podemos dizer a nós mesmos que tudo o que estamos fazendo com os incentivos é tirar vantagem do que sabemos sobre a natureza humana. Isso é o que Adam Smith diria. Mas, na verdade, o que estamos fazendo é alterar a natureza humana.

E não estamos apenas alterando-a; estamos empobrecendo-a.

4 A tecnologia das ideias

A natureza humana como uma batalha entre metáforas

No *campus* onde dou aulas, toda vez que um novo prédio é construído ou que um antigo é reformado substancialmente surge a questão de onde ficarão localizadas as passagens asfaltadas que ligam aquele prédio às outras localidades do *campus*. Uma escola de pensamento sugere que a colocação das passagens deveria fazer parte da planta do prédio. Mas a segunda escola, sem dúvida após ter observado que muitos caminhos asfaltados não são usados e se tornam trilhas de sujeira onde antes havia um gramado, acha que primeiro se deve construir o prédio, observar por onde as pessoas andam e colocar o asfalto onde a grama estiver pisoteada. Os proponentes da primeira visão são as pessoas que se "orientam pela teoria". Guiadas por certo senso de movimento eficiente, estética, ou ambos, elas são propensas a fazer o que é "ideal", e os outros se ajustarão a isso. Os proponentes da segunda visão são pessoas que se "orientam pelos dados". Elas deixam os usuários do espaço dizer-lhes, com seu comportamento, o que é "ideal".

Quando feita da forma certa, toda ciência é uma conversa contínua entre a teoria e os dados. Em ciência, o objetivo das teorias é organizar e explicar os fatos. Fatos sem teorias organizadoras são quase inúteis. Mas as teorias precisam, ao final, ser explicáveis e coerentes com os fatos. E fatos novos nos obrigam a modificar ou descartar teorias inadequadas.

Esse é o ideal. Mas, na vida real, as coisas nem sempre funcionam assim. Pelo menos nas ciências sociais, propor teorias em vez de ficar preso aos fatos pode moldar os fatos de modo a reforçar as teorias. Você constrói aquela passagem e então força as pessoas a andarem por ela, talvez separando-a do gramado com cordas.

"Se você construir, eles virão." Esse é o mantra que o personagem principal do filme *Campo dos sonhos* fica ouvindo quando transforma sua fazenda em um campo de beisebol no meio do nada. Ele constrói, e eles chegam. Neste capítulo, tentarei mostrar que, pelo menos às vezes, quando os cientistas sociais formulam teorias, as pessoas *vêm*. Ou seja, as pessoas são incentivadas a ter comportamentos que confirmam as teorias. Este capítulo é, então, uma tentativa de resolver a batalha entre essas metáforas. A metáfora "observamos por onde elas passam e então fazemos a pavimentação" alega que os dados empíricos formatam as teorias que as pessoas elaboram. A metáfora "se você construir, eles virão" alega que as teorias moldam os dados. Tentarei defender a segunda metáfora.

Essa batalha vem se desenrolando em um território mais familiar há anos. O mercado alimenta os desejos do consumidor ou cria os desejos do consumidor? A mídia alimenta o gosto do público por notícias e entretenimento ou cria esse gosto? Estamos todos acostumados às dificuldades envolvidas na discussão dessas questões na sociedade moderna, e podemos todos ter opiniões bastante firmes sobre o debate alimentar/criar. Perguntas desse tipo sempre nos rodeiam, e encontrar a resposta certa para elas pode ter consequências profundas para o futuro da sociedade.

Em certo sentido, a diferenciação que estou fazendo é entre descoberta e invenção. As descobertas nos informam sobre como o mundo funciona. As invenções usam essas descobertas para criar objetos ou processos que fazem o mundo trabalhar de forma diferente. A descoberta dos patógenos levou à invenção de antibióticos. A descoberta da energia nuclear levou às bombas, às usinas atômicas e a procedimentos médicos. A descoberta do genoma levou, ou levará, a mudanças inenarráveis em quase todos os setores da nossa vida. É claro que as descobertas também mudam o mundo ao modificar como o entendemos e nele vivemos, mas elas raramente mudam o mundo por si sós.

Nas ciências naturais, a distinção entre descoberta e invenção é bem clara, apesar de haver alguns casos difíceis. Por exemplo, quando a empresa estadunidense Myriad Genetics Corporation descobriu os genes BRCA1 e BRCA2, que predispõem as mulheres ao câncer de mama e de ovário, ela patenteou a descoberta, pelo menos quando os genes eram extraídos do corpo. Isso significava que os pesquisadores não podiam usar os genes isolados sem a permissão da empresa. Também significava que a empresa controlava o desenvolvimento e o uso de testes de diagnóstico que dependiam desses genes. Depois de muitas disputas judiciais, a patente foi derrubada pela Suprema Corte americana em junho de 2013. Os tribunais já haviam decidido que produtos naturais, fenômenos naturais e leis da natureza não podiam ser patenteados, a não ser que algum tipo de passo "inventivo" desse a eles "características significativamente diferentes de qualquer uma encontrada na natureza". Assim, as descobertas não podem ser patenteadas, mas as invenções podem. O que estava em jogo no caso dos genes BRCA era, em síntese, saber se o isolamento desse material constituía uma descoberta ou uma invenção — se ele era uma contribuição para a ciência básica ou um artigo de tecnologia.

A distinção entre descoberta e invenção é fundamental, e não apenas porque ela afeta quem poderá ganhar quanto dinheiro com o quê. Quando um cientista ou outra pessoa descobre algo, não nos ocorre perguntar se aquela descoberta deveria existir. Em outras palavras, apesar de as descobertas muitas vezes terem implicações morais, elas, por si sós, não têm dimensão moral.

Se alguém sugerisse que o bóson de Higgs não deveria existir, perguntaríamos que tipo de substância alucinógena a pessoa ingeriu. As invenções, por outro lado, são uma história bem diferente. As invenções, em geral, têm dimensão moral. Com frequência perguntamos se elas deveriam existir. Ficamos pensando no que há de bom nelas (para melhorar a vida) e quais são as desvantagens. Debatemos se a sua distribuição ampla deveria continuar e, em caso positivo, com que tipo de regulamentação.

Assim, a teoria sobre a natureza humana é uma descoberta ou uma invenção? Acredito que ela seja mais uma invenção do que uma descoberta. Acho que as ideias, como a de Adam Smith, sobre o que motiva as pessoas a trabalhar moldaram a natureza do local de trabalho. Acredito que elas tenham moldado o local de trabalho seguindo rumos infelizes. Isso significa que, em vez de perambular pensando "o trabalho é só isso mesmo, e temos que lidar com esse fato", deveríamos nos perguntar se trabalhamos como deveríamos. Minha resposta para essa pergunta é um sonoro não.

Vimos como situações de trabalho potencialmente boas na educação, na medicina ou no direito podem se tornar ruins com facilidade, seja devido ao excesso de supervisão e regulamentação, seja pela dependência excessiva de incentivos materiais. Por que coisas assim acontecem? Considerando o que as pessoas esperam do trabalho e o que deixa os clientes, pacientes e alunos satisfeitos, por que o trabalho é tão empobrecido? A resposta, acredito, é ilustrada pela citação de Keynes com a qual este livro começa:

> As ideias de economistas e de filósofos da política, tanto quando estão certos como quando estão errados, são mais poderosas do que se imagina. Na verdade, o mundo é governado por pouco mais do que isso. Homens pragmáticos, que acreditam estar isentos de quaisquer influências intelectuais, são, em geral, escravos de algum economista morto.

As ideias às quais Keynes se refere são ideias sobre a natureza humana — com o que as pessoas se importam e ao que elas aspiram. Assim como os peixes não sabem que vivem na água, vivemos com ideias sobre a natureza humana já tão difundidas que nem mesmo percebemos que há outra forma de olhar para nós mesmos.

De onde vêm essas ideias sobre a natureza humana? Antes elas vinham dos nossos pais, dos líderes das nossas comunidades e dos textos religiosos; agora elas vêm principalmente da ciência — em particular das ciências sociais. As ciências sociais criaram uma "tecnologia" de ideias sobre a natureza humana. Para compreender bem como a maior parte do trabalho ficou tão empobrecida, é essencial entender essa "tecnologia das ideias" — o que ela é, como funciona e como nos modifica.

A tecnologia das ideias

Vivemos em uma cultura e em uma época em que a influência da tecnologia científica é obvia e opressiva. *Laptops*, *smartphones*, *tablets*, exames de ressonância magnética, manipulação genética, drogas sintéticas — a tecnologia é uma presença brutal e inescapável na nossa vida diária. Alguns abraçam a tecnologia com entusiasmo e outros o fazem de má vontade, mas todos a abraçamos.

A tecnologia dos *smartphones* e da ressonância magnética — a tecnologia das coisas — é no que a maior parte de nós pensa quando reflete sobre o impacto moderno da ciência. Mas, além de criar coisas, a ciência cria conceitos, formas de entender o mundo e o nosso lugar nele, e eles têm um efeito enorme sobre como pensamos e agimos. Se entendemos as malformações congênitas como atos de Deus, rezamos. Se as entendemos como atos do acaso, aceitamos a situação e tentamos a sorte. Se as entendemos como produto de negligência durante o pré-natal, cuidamos melhor das gestantes.

Nem é preciso dizer que as pessoas são profundamente afetadas pelas condições materiais da vida — pela riqueza das sociedades em que habitam. A disponibilidade de recursos de primeira necessidade, como alimentos e moradia, e os meios pelos quais os indivíduos podem obtê-los fazem todas as outras influências da vida parecerem insignificantes. As pessoas privadas de alimentos morrerão de fome quer elas aceitem sua condição beatificamente como a vontade de Deus, quer a aceitem com resignação depressiva, quer a aceitem como indicação da sua própria inadequação, quer reajam com raiva contra a injustiça social. Não importa a quais ideias as pessoas apelem para explicar a falta de comida, as barrigas continuarão vazias.

E, no entanto, está claro que as ideias também importam, e importam muito, mesmo em caso de uma condição material óbvia como a disponibilidade de alimentos. O que um esquilo que procura comida no parque faz em tempos de escassez não tem nada a ver com o que o esquilo entende por escassez. Ele não vai rezar por comida, cultivar árvores ou mobilizar outros esquilos para protestar contra as pessoas que poluíram o ambiente e diminuíram as fontes de alimento; ele apenas procura comida. Mas o que as pessoas fazem a respeito da falta de comida depende muito de como elas a entendem. Ideias têm muito a ver se uma grande escassez de alimentos acaba em resignação ou em revolução.

Se entendermos o conceito de "tecnologia" em sentido amplo, como o uso da inteligência humana para criar objetos ou processos que mudam as condições da vida diária, então parece claro que as ideias não são menos produtos de tecnologia do que os computadores. Entretanto, há duas coisas sobre a tecnologia das ideias que a tornam diferente da maior parte da "tecnologia das coisas". Em primeiro lugar, porque as ideias não são objetos para serem vistos, comprados e tocados, e elas podem espalhar-se pela cultura e ter efeitos profundos sobre as pessoas antes até que sejam percebidas. Em segundo lugar, as ideias, diferentemente das coisas, podem ter efeitos profundos sobre as pessoas, *mesmo se forem falsas*. *Smartphones*, drogas sintéticas e afins em geral não afetam a vida das pessoas a não ser que eles façam aquilo que foram projetados para fazer. As empresas não vendem objetos tecnológicos que dão defeito — pelo menos não antes de muito tempo. Os objetos tecnológicos podem fazer coisas ruins que as pessoas não querem que eles façam, mas não há motivos para nos preocuparmos, a não ser que eles também continuem fazendo as coisas para as quais foram projetados em primeiro lugar. Por outro lado, as ideias falsas podem afetar o modo como as pessoas agem, bastando apenas que acreditem nelas. Seguindo o filósofo Karl Marx, vamos ver exemplos de tecnologia das ideias com base em ideias falsas sobre "ideologia". Como a tecnologia muitas vezes passa despercebida, e como ela pode ter efeitos profundos mesmo quando é falsa — quando se trata de ideologia —, ela é em alguns aspectos mais profunda na sua influência do que a tecnologia das coisas, cujos efeitos as pessoas já receiam habitualmente.

Mas espere um minuto, você poderia dizer. Por que as ideias não são exatamente como as coisas? A marca da ciência é que ela opera no mundo das hipóteses verificáveis. Ou seja, se alguém tem uma ideia, ela é testada; se ela não passar no teste, desaparece assim como a tecnologia ruim. Então não seria preciso se preocupar com uma tecnologia de ideias falsas. As ideias falsas vão morrer de "causas naturais", certo?

Infelizmente, não. A ideologia tem uma boa dose de responsabilidade pela natureza do nosso trabalho. Veja outra ideia de Adam Smith:

> O homem cuja vida se consome em poucas operações simples [...] não tem a oportunidade de exercitar seu entendimento ou de exercer sua inventividade na descoberta de expedientes para dificuldades que nunca acontecem. Ele naturalmente perde, portanto, o hábito de tal exercício e, em geral, torna-se tão estúpido e ignorante quanto uma criatura humana pode se tornar.

Sobre o homem que trabalha em linhas de montagem, Adam Smith diz: "Ele naturalmente perde, portanto, o hábito de tal exercício e, em geral, torna-se tão estúpido e ignorante quanto uma criatura humana pode se tornar". Os principais aspectos a serem observados nessa afirmação são as palavras "perde" e "torna-se". Aqui está Adam

Smith, o pai da premissa segundo a qual as pessoas são basicamente preguiçosas e trabalham por dinheiro, dizendo que o trabalho em uma fábrica fará com que as pessoas "percam" algo e "tornem-se" alguma coisa. Então, o que é que eles tinham antes de entrar na fábrica e que eles "perderam"? E o que eles eram antes de entrar na fábrica que é diferente do que eles "se tornaram"? Bem aí nessa citação vemos evidências de que Smith acreditava que aquilo que as pessoas eram como trabalhadoras dependia das condições do trabalho. E, no entanto, com o passar dos anos, o entendimento matizado da natureza humana como produto do ambiente humano se perdeu. Como resultado dessa sutileza perdida, a criação de ambientes de trabalho desumanizados e sem alma que a maioria das pessoas enfrenta não precisava de justificativa, exceto a eficiência econômica. Não se estava mudando as pessoas. Não se estava privando as pessoas de nada. Estava-se simplesmente pegando as pessoas como elas eram e utilizando sua força de trabalho com o máximo de eficiência.

Mas sabemos que se *estava* de fato mudando as pessoas. Um artigo clássico de Melvin Kohn e Carmi Schooler, publicado há trinta anos, mostrou algo semelhante: os serviços sobre os quais as pessoas exercem algum poder de decisão e controle levam à flexibilidade cognitiva e a um comprometimento com elas mesmas e com a sociedade; por outro lado, se as condições de trabalho forem monitoradas em demasia e supervisionadas de forma opressiva, causam angústia. Mais recentemente, Sanford DeVoe e Jeffrey Pfeffer demonstraram que o modo pelo qual as pessoas são remuneradas as modifica. Os profissionais que cobram por hora, como advogados e consultores, passam a colocar um preço no seu tempo mesmo se não estiverem trabalhando. Uma noite com os amigos, assistindo a um jogo de futebol, tem "custos" em honorários advocatícios e de consultoria que não foram perdidos. Assim, a pessoa que cobra por hora torna-se uma pessoa diferente do que ela era antes de começar a trabalhar dessa forma.

Impressionante também é uma série de estudos feitos por Chip Heath. Eles demonstram que mesmo as pessoas que *não se consideram* tão motivadas pelos incentivos materiais pensam que praticamente *todas as outras* são. Heath realizou uma pesquisa com estudantes que estavam fazendo o Teste de Admissão para a Faculdade de Direito (LSAT, na sigla em inglês). Eles deveriam descrever os motivos pelos quais desejavam ingressar na carreira jurídica e então especular sobre os motivos dos colegas. Sessenta e quatro por cento disseram que tinham intenção de seguir essa carreira porque era atraente do ponto de vista intelectual ou porque sempre se interessaram pelo direito, mas apenas 12 por cento acreditavam que isso era verdade para os seus pares. Em vez disso, 62 por cento achavam que seus pares queriam seguir carreira em direito devido às recompensas financeiras. Então, podemos dizer a nós mesmos que somos excepcionais porque não pensamos só em dinheiro, o que, por sua vez, nos ajuda a organizar o trabalho dos outros como totalmente baseado em incentivos monetários.

Segundo a mesma linha de argumentação, Heath relata os resultados da Pesquisa Geral Social (GSS, na sigla em inglês). Durante mais de 25 anos, a GSS pediu a uma amostragem de adultos para classificar a importância de cinco aspectos diferentes do seu trabalho: pagamento, segurança, tempo livre, oportunidades de progresso e um "trabalho importante", que "dê a sensação de realização". Ano após ano, o "trabalho importante" foi, em média, classificado em primeiro lugar por mais de 50 por cento dos participantes da pesquisa. O pagamento ficava, em geral, em terceiro lugar. No entanto, no final da década de 1980, quando a GSS perguntava aos participantes sobre o papel dos incentivos materiais para os outros, as pessoas normalmente acreditavam que o pagamento era muito importante.

Então as ideias mudam as pessoas. Assim, nossa pergunta mais premente é: como a tecnologia das ideias pode se enraizar até mesmo quando as ideias são falsas — mesmo quando se trata de ideologia? Como podemos nos conscientizar da ideologia em ação? E, por fim, como podemos mudá-la?

O termo "ideologia" não foi sempre utilizado com o mesmo sentido. A história dessa palavra começa na França do século XVIII, quando foi cunhada com o significado de "ciência das ideias". As pessoas chamadas pelo imperador Napoleão de ideólogos estavam tão apaixonadas pelas ideias que ignoravam a comprovação empírica que às vezes estava bem diante do nariz e poderia contradizê-las. Uma expressão mais recente dessa visão das pessoas tão comprometidas com as ideias que podem ignorar as evidências pode ser encontrada no livro *The Righteous Mind* [A mente moralizante], de Jonathan Haidt, segundo o qual nossos compromissos morais provêm não da razão e da reflexão, mas de intuições arraigadas, das quais nem temos consciência na maior parte das vezes. Ou seja, *acreditamos* que fazemos julgamentos morais analisando as questões, utilizando a razão para peneirar as evidências e os argumentos como um juiz de prós e contras. Mas, na verdade, afirma Haidt, já temos uma posição moral antes mesmo de divagar sobre um assunto. Usamos a razão como o advogado — para justificar aquilo em que já acreditamos, e não para julgar, para dizer no que os outros deveriam acreditar. Essa orientação pode nos levar não apenas a ignorar as evidências, mas a distorcê-las, o que resultaria no que o psicólogo Lee Ross chamou de "realismo ingênuo". O realista ingênuo é aquele que pensa: "Vejo as coisas como elas são; as pessoas que não concordam comigo estão distorcendo a verdade".

De forma semelhante ao que Ross denominou de realismo ingênuo, um século antes Marx adotou o termo "ideologia" para identificar o que ele chamou de "falsa consciência". Então, para Marx, os ideólogos não apenas ignoravam as evidências para preservar suas teorias; eles distorciam as evidências para se ajustarem àquilo em que já acreditavam, ou ao que eram condicionados pelas circunstâncias a acreditar ou no que queriam acreditar. No caso de Marx, ele estava muito interessado na natureza do trabalho, já que seu foco eram os donos das empresas que exploravam o povo que realmente fazia o trabalho.

Então, como a ideologia acontece? Seria de se imaginar que na era científica em que vivemos, do *big data*, por fim a comprovação empírica venceria a batalha e expulsaria as más ideias. A história da ciência é a história de uma teoria errada atrás da outra, sendo a cuidadosa coleta e interpretação de dados o mecanismo para corrigir esses erros. Teorias e dados melhores se sobrepõem aos piores, e assim caminha o progresso. Por que isso não acontece com as teorias sobre a natureza humana?

Às vezes acontece. Com os anos, os psicólogos progrediram muito no entendimento da percepção, da memória, do pensamento, do uso e da compreensão da linguagem, do desenvolvimento cognitivo e social, do aprendizado e de vários tipos de transtornos cognitivos e emocionais, exatamente da mesma forma que as ciências naturais fazem progressos em seus domínios. Os dados bons se sobrepõem às teorias ruins. Mas há uma diferença fundamental entre teorias sobre planetas, átomos, genes e transtornos e teorias sobre ao menos alguns aspectos da natureza humana. Os planetas não se importam com o que os cientistas dizem a respeito do seu comportamento. Eles se movimentam ao redor do Sol com total indiferença às teorias dos físicos e astrônomos sobre eles. Os genes são indiferentes às nossas teorias sobre eles. Mas isso não é verdade com relação às pessoas. As teorias sobre a natureza humana podem mesmo produzir mudanças no modo como as pessoas se comportam. Isso significa que uma teoria falsa pode *se tornar* verdadeira só porque as pessoas acreditam que é verdade. O resultado é que, em vez de os dados bons se sobreporem aos dados e às teorias ruins, os dados ruins mudam as práticas sociais até que eles se tornem dados bons e as teorias sejam validadas.

Como a ideologia se torna verdadeira dessa maneira? Há três dinâmicas básicas. A primeira é alterando o que as pessoas pensam a respeito dos seus próprios atos. Por exemplo, alguém que faça um trabalho voluntário toda semana em um abrigo para moradores de rua pode um dia ler um livro que lhes diga que ser egoísta faz parte da natureza humana. Essa pessoa pode dizer para si mesma: "Eu achava que estava sendo altruísta. Agora os cientistas sociais me dizem que trabalho em um abrigo para gratificar o ego". Ou alguém em seu trajeto para o trabalho poderia dizer: "Eu achava que ia trabalhar todos os dias para enfrentar desafios e fazer um bom trabalho para melhorar a vida de alguém. Agora os cientistas sociais me dizem que é tudo por dinheiro". Se esse tipo de reconstrução acontecer, nada no entorno da pessoa precisará mudar. Ela pode apenas entender suas ações de outra maneira.

Mas é claro que a maneira pela qual entendemos as nossas ações do passado provavelmente influenciará as nossas ações do futuro. Não é difícil imaginar, por exemplo, que faxineiros de hospitais como Luke, Ben, Carlotta e Corey — já uma raça rara — desaparecerão por completo se a ideologia segundo a qual as pessoas trabalham só pelo dinheiro adentrar nossa cultura mais do que já o faz.

O segundo mecanismo pelo qual uma ideologia se torna verdadeira é por meio da "profecia autorrealizável". Nesse caso, a ideologia modifica a maneira pela qual as outras pessoas reagem ao ator, que, por sua vez, modifica o que o ator fará no futuro. Uma demonstração clássica desse mecanismo autorrealizável em ação foi relatada por Mark Snyder e Elizabeth Tanke em 1977. Nesse estudo, a foto de uma mulher atraente ou não era mostrada a grupos de homens. Eles então conversavam durante dez minutos por telefone com uma mulher e eram levados a acreditar que aquela era a mulher da foto (não era). Depois da conversa, aqueles que acreditaram ter conversado com a mulher atraente avaliaram-na como mais simpática do que aqueles que conversaram com a mulher sem graça. Nenhuma surpresa até aqui. A surpresa vem a seguir. As gravações das conversas foram apresentadas para outros participantes, que não haviam visto fotografias das mulheres nem sabiam nada a respeito da beleza delas. Eles também consideraram a mulher "atraente" mais simpática, cordial e sociável do que a sem graça.

Pense nesse resultado. De alguma forma, acreditar que as mulheres eram atraentes levou os entrevistadores a fazerem as perguntas de um modo que levou os terceiros que apenas ouviam as entrevistas a chegarem à mesma conclusão. Na verdade, os entrevistadores coletaram "dados" de uma forma tendenciosa, guiada pelas suas crenças iniciais.

A expressão "profecia autorrealizável" foi cunhada pelo sociólogo Robert Merton em 1948. Ele apresentou exemplos de como as teorias que inicialmente não descrevem o mundo com precisão podem se tornar descritivas se forem trabalhadas. Em resumo, uma profecia autorrealizável é "uma definição *falsa* da situação que evoca um novo comportamento e faz com que o conceito originalmente falso se torne *verdadeiro*".

Merton prosseguiu explorando o vínculo casual entre uma profecia e sua confirmação posterior. Como exemplo, citou a ideia então prevalente de que os trabalhadores eram "inadequados" para serem membros de sindicatos. Com seu "padrão de vida baixo" e vontade de "aceitar empregos com salários inferiores aos prevalentes", esses empregados se tornaram "traidores da classe trabalhadora". O que os sindicatos excludentes não reconheciam, alegou Merton, era que o simples fato de excluir trabalhadores negros fazia com que o comportamento deles parecesse confirmar a hipótese. Como não pertenciam a um sindicato durante as greves, os trabalhadores negros atravessariam os piquetes para ocupar as vagas disponíveis, furando greves e sustentando de forma ostensiva a alegação original sobre sua inadequação para associação a um sindicato. O que era originalmente uma hipótese falsa — uma ideologia — mudou a situação, configurando-a de modo a parecer validá-la.

O equivalente a esse tipo de processo no local de trabalho é claro. No início acredita-se que as pessoas são de fato preguiçosas, que não querem trabalhar e só se importam com o pagamento, quando se importam. Com base nessa crença, cria-se um ambiente voltado apenas para a eficiência, cujos trabalhos são insanos e repetitivos, contando-se com a remuneração para motivar os empregados. E eis que, em um ambiente assim, tudo o que importa para os trabalhadores é o salário.

Outro exemplo notável desse processo é o professor que presta mais atenção e dedica-se mais às crianças identificadas como "espertas" do que às crianças identificadas como "lerdas", tornando assim as espertas ainda mais espertas. Dessa maneira, o rótulo de "esperto" ou "lerdo" por si só não torna as crianças mais espertas ou mais lerdas. O comportamento do professor precisa mudar de acordo com o rótulo. Talvez o exemplo mais conhecido da profecia autorrealizável na educação seja o resultado da pesquisa realizada por Robert Rosenthal e Lenore Jacobson sobre os efeitos das expectativas dos professores sobre o desempenho dos alunos. Sem que os professores soubessem do estudo, os pesquisadores atribuíram aleatoriamente a certos estudantes de uma classe do ensino fundamental a característica de "mais promissores". Esses alunos haviam, supostamente, sido submetidos a um teste diagnóstico no final do ano escolar anterior que os identificara como tendo potencial para notável progresso acadêmico. Esse teste nunca foi aplicado. No entanto, os alunos que haviam sido classificados como promissores *de fato* apresentaram progressos mais notáveis do que a média ao final do ano escolar. As grandes expectativas do professor de alguma forma resultaram em desempenho superior desses alunos, o que os autores denominaram de "efeito Pigmaleão". Em resumo, Rosenthal e Jacobson alegaram que a designação de "promissores" de certos alunos tornou-se uma profecia autorrealizável porque mudou a forma como os professores ensinavam. Essa descoberta tem influenciado bastante as áreas de educação e psicologia.

Anos mais tarde, Lee Jussim e colegas seguiram essa linha de investigação ao avaliar formas específicas pelas quais as expectativas dos professores afetam o desempenho dos alunos e os contextos específicos em que as expectativas tiveram os efeitos mais visíveis. Apesar de terem encontrado comprovação que confirma a estrutura da profecia autorrealizável identificada por Rosenthal e Jacobson, eles também se depararam com limites para a influência e o poder da profecia autorrealizável. Jussim descobriu que essas profecias não exercem tanta influência por si sós, e a magnitude dos efeitos, embora significativa, é, em geral, modesta.

Talvez não surpreenda que o efeito Pigmaleão não seja grande. No final, as crianças podem receber uma mensagem sutil sobre sua capacidade na escola, mas outra bem diferente em casa, dos seus pais amorosos. Porém, se a mensagem fosse transmitida com mais uniformidade em todos os domínios da experiência de uma criança, os efeitos poderiam então ser bem ampliados.

Uma mensagem tão influente poderia ser enviada? Bem, pense no modo como muitos psicólogos e educadores falam sobre a inteligência. Como você provavelmente sabe, há algumas evidências e muitas crenças de que as diferenças individuais de inteligência são inatas e inalteráveis. Algumas pessoas ganham na loteria genética e outras, não. Não é difícil imaginar que se essa ideia de inteligência se disseminasse, os pais a abraçariam e transmitiriam às crianças as mesmas mensagens que elas vinham recebendo na escola. Mas esse entendimento da inteligência é verdadeiro ou é uma ideologia?

Imagino que a polêmica ainda exista em algum grau, mas considere o trabalho da psicóloga Carol Dweck, resumido em seu livro *Mindset — A nova psicologia do sucesso*. Dweck descobriu que podemos distinguir as crianças com base nos objetivos que parecem estar em funcionamento enquanto elas estão aprendendo. Algumas crianças possuem o que Dweck chama de metas de desempenho. Essas crianças querem ir bem nas provas. Elas querem aprovação social. Outras crianças têm o que ela chama de metas de maestria. Essas crianças querem encontrar coisas que não conseguem fazer e aprender com o fracasso. Segundo Dweck, as crianças orientadas para o desempenho querem provar sua capacidade, enquanto as crianças orientadas para a maestria querem melhorar sua capacidade.

As crianças com metas de desempenho evitam desafios. As crianças com metas de maestria procuram desafios. As crianças com metas de desempenho reagem ao fracasso desistindo. As crianças com metas de maestria reagem ao fracasso dedicando-se mais. Isso significa que as crianças com metas de maestria aprendem mais e ficam mais inteligentes do que as crianças com metas de desempenho.

Dweck demonstrou que o que está subjacente a essas duas orientações é um par de concepções ou "teorias" que as crianças têm sobre a natureza da inteligência. Algumas crianças acreditam que a inteligência é essencialmente imutável — que ela é uma entidade fixa. Essas são as crianças que tendem a ser orientadas para o desempenho. De que adianta procurar desafios e riscos se não é possível ficar mais inteligente? Outras crianças acreditam que a inteligência não é fixa — que ela é mutável e que as pessoas podem ficar mais inteligentes. Essas crianças tendem a ser orientadas para a maestria, e procuram fazer nos trabalhos escolares o que elas acreditam estar ao alcance de todos. Então a inteligência é fixa? Em parte, isso depende do que se acredita ser fixo. Isso significa que a teoria da inteligência fixa pode bem ser uma ideologia.

Não surpreende que resultados semelhantes aos de Dweck tenham sido encontrados nos mais diversos locais de trabalho. Peter Heslin, Gary Latham e Don Vandewalle realizaram uma série de estudos sobre como os gestores administravam seus funcionários. Eles descobriram que os gestores também pareciam ter teorias fixas ou incrementais sobre a competência dos funcionários. Se os gestores tivessem uma teoria fixa sobre competência, eles teriam menos propensão a perceber mudanças no desempenho dos funcionários e menos probabilidade de dar *feedback* e fazer *coaching* para desenvolvimento do que se tivessem uma teoria incremental sobre a competência. Eles pareciam pensar que era inútil tentar melhorar algo que não podia ser mudado. Seria como tentar melhorar a altura de alguém incentivando a pessoa a crescer. Mas pode-se observar o ciclo de *feedback* que essa atitude cria. O gestor não acredita que o desempenho pode ser melhorado, então ele não faz nada para tentar melhorá-lo. E eis que o desempenho não melhora, e assim a teoria é confirmada.

Em grande medida, os efeitos da ideologia sobre como as pessoas agem dependerão da amplitude, da profundidade e da visibilidade com que ela está infiltrada na cultura. Quando ela existe em lugares isolados, seus efeitos provavelmente serão pequenos e corrigíveis. Mas, quando ela está no sistema de abastecimento de água — quando está em todo lugar —, seus efeitos provavelmente serão mais profundos. Como confirmação dessa hipótese, o psicólogo Richard Nisbett demonstrou que culturas inteiras podem ser diferenciadas umas das outras pela amplitude com que são orientadas pela crença de que a inteligência é fixa ou pode ser aumentada. Os estudos sobre desenvolvimento intelectual nessas diferentes culturas demonstram que as crianças que vivem em uma cultura com a "mentalidade de crescimento" apresentam maior desenvolvimento intelectual do que aquelas que vivem em culturas com a "mentalidade fixa".

Isso nos leva ao mecanismo final pelo qual a ideologia pode exercer influência. Esse mecanismo — que acredito ter os efeitos mais profundos sobre o nosso ambiente de trabalho e além dele — opera para mudar as estruturas institucionais de acordo com a ideologia. O industrial acredita que os trabalhadores são motivados a trabalhar apenas pelo salário e constrói uma linha de montagem que reduz o trabalho a tarefas insignificantes para as quais não há outro motivo para trabalhar além do dinheiro. O político acredita que as pessoas só agem por interesse próprio, que elas têm o direito de ficar com o que conseguirem furtar no seu trabalho e que merecem o que têm e têm o que merecem. Esse político ajuda a promulgar políticas que corroem ou destroem a rede de segurança social. Como resultado, as pessoas começam a agir apenas em interesse próprio. "Se cabe a mim colocar um teto sobre nossa cabeça, colocar comida na mesa e garantir que haja dinheiro para pagar as contas do médico e da escola das crianças, então eu preciso cuidar dos meus interesses." Quando as estruturas sociais são moldadas pela ideologia, ela pode mudar o mundo, às vezes de forma ampla e devastadora.

Precisamos ter cuidado principalmente com a ideologia embutida nas estruturas sociais. É muito mais difícil mudar as estruturas sociais do que mudar aquilo que as pessoas pensam sobre si mesmas — o que a psicoterapia pode tratar com eficiência —, ou aquilo que elas pensam sobre os outros — o que a educação pode tratar com eficiência. Além disso, como as estruturas sociais afetam multidões e não indivíduos, quando essas estruturas incorporam a ideologia, os efeitos dessa ideologia podem ser dominantes.

Não é difícil imaginar como, guiadas pela ideologia promovida por Adam Smith, elaborada e ampliada por outros, as pessoas passariam a entender praticamente todo o seu comportamento, inclusive as relações com o trabalho e com os outros, em termos de incentivos operacionais. Como resultado, a natureza da relação das pessoas com o trabalho e com os outros seria modificada. Em um mundo assim, não teríamos de nos preocupar se os motivos financeiros expulsariam os morais quando as pessoas pensassem em buscar as crianças na creche ou em aceitar depósitos de resíduos nucleares em suas comunidades, pois os motivos morais já teriam desaparecido.

Considere o caráter dos debates recentes sobre a ampliação do seguro-desemprego para norte-americanos que ainda não conseguem encontrar trabalho enquanto a economia tropeça rumo à recuperação. A vida dos desempregados é uma batalha mesmo com esse benefício; sem ele, ela fica muito perto do ingerenciável. No entanto, muitos resistem no governo federal. O principal argumento contra a ampliação do benefício? Oferecer seguro-desemprego minaria o incentivo das pessoas para trabalhar. Para que trabalhar se é possível ser pago para não trabalhar? Embutida nesse argumento, é claro, está a visão de Adam Smith segundo a qual a única razão para as pessoas trabalharem é o salário, pois, se elas não precisarem do salário, não trabalharão. Ninguém explicita esse ponto de vista porque ele está tão disseminado que não precisa ser explicitado. É a ideologia em sua faceta mais perniciosa.

O psicólogo Dale Miller apresentou evidências da impregnação do que ele chama de "norma do interesse próprio" na sociedade americana. Estudantes universitários pressupõem, erroneamente, que as mulheres tenham convicções mais sólidas a respeito do aborto do que os homens, e que estudantes com menos de 21 anos tenham opiniões mais firmes sobre a idade legal para consumo de bebidas alcoólicas do que os que já têm mais de 21 anos porque mulheres e menores de idade têm um interesse nessas questões que homens e estudantes mais velhos não têm. A possibilidade de que a visão de alguém possa ser moldada por conceitos de justiça e equidade em vez do interesse próprio nem ocorre para a maioria das pessoas. E, no entanto, ela existe. Empatia, cuidado e preocupação com o bem-estar dos outros são partes habituais do caráter da maioria das pessoas. E, no entanto, essas partes correm o risco de serem expulsas pela preocupação exclusiva com o interesse próprio — preocupação que é encorajada pela estrutura baseada em incentivos no local de trabalho.

Até mesmo Adam Smith entendeu que havia, na natureza humana, algo além do interesse próprio. *A riqueza das nações* veio depois de outro livro, *A teoria dos sentimentos morais*, no qual ele sugeriu que certa compaixão pelos outros seres humanos oferecia alguns limites necessários ao que as pessoas fariam se fossem livres para "permutar, negociar e trocar uma coisa por outra". A visão de Adam Smith, bastante esquecida pela modernidade, era a de que as transações de mercado eficientes eram parasitárias aos aspectos do caráter desenvolvidos por meio de relações sociais desvinculadas do mercado. Ele estava certo a respeito da importância dos "sentimentos morais", mas errado quanto ao fato de serem "naturais". Em uma sociedade dominada pelo mercado, em que cada aspecto do que as pessoas fazem é "incentivado", esses "sentimentos morais" podem desaparecer de modo que nada possa refrear o interesse próprio.

O economista e filósofo Amartya Sen afirma que a preocupação em fazer o que é certo tem origem em uma fonte que a lógica do interesse próprio e dos incentivos não consegue abranger. Ele chama essa fonte de preocupação de "comprometimento". Agir a partir do comprometimento, sem considerar se isso promove as próprias circunstâncias materiais. Atos de comprometimento incluem fazer o seu trabalho utilizando suas melhores capacidades — indo além dos termos do contrato —, mesmo que ninguém esteja observando e não haja nada a ganhar com isso. Eles incluem recusar-se a exorbitar nos preços em épocas de escassez, recusar-se a lucrar em circunstâncias excepcionais à custa dos outros, tolerar depósitos de lixo nuclear na comunidade e pegar as crianças na creche pontualmente.

O conceito de ideologia e os ciclos de *feedback* autorrealizáveis que ela pode gerar ajudam a explicar, eu acredito, por que a maior parte dos locais de trabalho acabou sendo dominada pela confiança excessiva na supervisão rigorosa, no trabalho repetitivo e nos incentivos. Se acreditamos que as pessoas não são capazes de tomar decisões sensatas no trabalho, impomos regras de conduta detalhadas. Como consequência, as pessoas nunca têm oportunidades de tomar decisões sensatas. Nossa descrença na capacidade das pessoas que supervisionamos será validada, e acabaremos impondo ainda mais regras e mais supervisão. Se acreditamos que as pessoas não têm vontade de trabalhar em busca dos objetivos certos, criamos incentivos que permitirão que elas trabalhem bem sendo subservientes. Ao agir assim, minamos qualquer motivação que elas poderiam ter de fazer o que é certo porque é certo. Mais uma vez, nossa falta de confiança será validada. Em vez de adotar procedimentos que alimentam a vontade das pessoas de fazer um trabalho significativo, o gestor, convencido de que tais atributos são um alicerce muito frágil para se construir e administrar uma organização, estabelece práticas que os enfraquecem. Em pouco tempo, o trabalho significativo desaparece — da sala de aula, do tribunal e da sala de exames.

Atos de comprometimento como os descritos por Sen ocorrem com frequência. Eles mantêm a sociedade unida. Mas, devido ao caráter autorrealizador da ideologia, não devemos ser otimistas e esperar que eles continuem existindo. Não devemos ter certeza de que a distorção que domina o pensamento atual sobre o trabalho e os trabalhadores se revele e seja corrigida como as ciências do natural progresso humano. A não ser que haja um esforço coletivo para combater essa ideologia, todos nos tornaremos os perseguidores preguiçosos do interesse próprio, não apenas no trabalho mas na nossa vida como um todo, que alguns cientistas sociais acreditam que sempre tenhamos sido. Então a pergunta passa a ser: o que podemos fazer?

No livro *Conflito de visões*, Thomas Sowell diferencia entre o que ele chama de visão "restrita" e visão "irrestrita" da natureza humana. A visão restrita, apresentada pelo filósofo Thomas Hobbes, está voltada para o lado egoísta, agressivo e obscuro da natureza humana e pressupõe que não podemos mudá-la, mas que devemos impor-lhe restrições por meio de um estado poderoso, o Leviatã. A visão irrestrita, talvez melhor exemplificada por Jean-Jacques Rousseau, vê possibilidades enormes para o ser humano e condena o Estado por subverter tudo o que é bom na natureza humana.

Acredito que tanto Hobbes quanto Rousseau estavam errados. A palavra "natureza" subestima demais o caráter dos seres humanos. Dentro de limites amplos, somos o que a sociedade espera que sejamos. Se a sociedade pedir pouco de nós, receberá pouco. Fica claro que, nessas circunstâncias, precisamos ter certeza de que elaboramos regras e incentivos que induzem as pessoas a agir para atender aos objetivos dos criadores das regras e dos incentivos. Se a sociedade pedir mais de nós e organizar suas instituições sociais adequadamente, receberá mais. Como Clifford Geertz observou, os seres humanos são "animais inacabados". O que podemos esperar sensatamente das pessoas depende de como as nossas instituições sociais "fazem o acabamento" delas.

A tecnologia das ideias que domina a nossa era é uma ficção; é ideologia. Mas trata-se de uma ficção poderosa, e ela se torna cada vez menos fictícia, pois cada vez mais se embrenha em nossas instituições e acaba com outros tipos de relações entre nós e o nosso trabalho. Devido ao seu caráter autorrealizador, não podemos esperar que essa ficção morra de causas naturais. Para matá-la, precisamos alimentar as alternativas. E isso não será fácil.

5 O futuro do trabalho: formulando a natureza humana

Um escorpião quer atravessar o rio, mas não sabe nadar. Ele se dirige a um sapo, que sabe nadar, e pede uma carona. O sapo diz:

— Se eu lhe der uma carona nas minhas costas, o senhor vai me picar.

O escorpião responde:

— Não tenho interesse em picá-lo, pois, como vou estar nas suas costas, nós dois afundaríamos.

O sapo pensa nessa lógica durante algum tempo e aceita o negócio. Ele carrega o escorpião nas costas e enfrenta as águas, mas no meio do caminho sente uma dor forte na lateral do corpo e percebe que o escorpião o tinha picado, afinal. Enquanto os dois afundavam entre as ondas, o sapo grita:

— Por que me picou, senhor Escorpião? Agora nós dois vamos afundar.

O escorpião responde:

— Não pude evitar. É a minha natureza.

Neil Jordan, *Traídos pelo desejo* (1992),
baseado em uma fábula de origem desconhecida

Os seres humanos não são escorpiões. As pessoas não estão presas a um ou a outro modo de ser. Mas também não somos livres para nos inventarmos sem restrições. Quando damos forma às nossas instituições sociais — nossas escolas, nossas comunidades e, sim, nossos locais de trabalho — estamos também formando a natureza humana. Assim, a natureza humana é, até um grau significativo, produto da criação humana. Se projetarmos locais de trabalho que permitam às pessoas fazer trabalhos que elas valorizem, estaremos criando a natureza humana que valoriza o trabalho. Se projetarmos locais de trabalho que permitam às pessoas encontrar significado no seu trabalho, estaremos criando a natureza humana que valoriza o trabalho.

Por que devemos projetar esses locais de trabalho? Já vimos que bons ambientes permitem às pessoas fazerem um bom trabalho. Os clientes se beneficiam e os funcionários também. Há outro bom motivo. Quando as pessoas são capazes de fazer o que valorizam, ficam satisfeitas. Isso aumenta o bem-estar. Muito mais do que os benefícios materiais que provêm dos benefícios que os empregadores trocam por um bom trabalho. Por que não iríamos querer criar locais de trabalho que permitam aos seus habitantes obter real satisfação durante o tempo que passam ali?

Perdemos essa oportunidade até aqui em parte devido à ideologia que nos diz que as pessoas não querem trabalhar. Mas também porque abraçamos a ideia de eficiência na produção, que é limitada demais. Os economistas pensam na eficiência em termos de dólares. É o valor do resultado por unidade de investimento. Mas imagine se, em vez disso, definíssemos eficiência em termos de bem-estar. Supostamente, as pessoas que compram bens e serviços vivenciam ganhos em bem-estar, caso contrário elas não fariam as compras. Então o resultado, nessa definição mais ampla, inclui o valor monetário dos bens e serviços mais a satisfação gerada por eles. Mas e o custo do investimento? Além do valor monetário da mão de obra e da matéria-prima, precisamos somar os custos psíquicos vivenciados pelos funcionários ao fazerem trabalhos que detestam. Se redesenharmos os locais de trabalho para que os empregados gostem dele, esses custos psíquicos se tornariam benefícios psíquicos. Por que cargas-d'água não faríamos isso?

Nossa responsabilidade aumenta se pensarmos que, ao projetar nossas instituições, estamos também projetando a nós mesmos — as pessoas que habitam as instituições — pelo menos em parte. Mas essa é uma responsabilidade que todos devemos aceitar. E o primeiro passo para assumir a responsabilidade sobre a estrutura do nosso local de trabalho é começar a fazer perguntas. Precisamos perguntar: "Por quê?" Qual é o objetivo desse trabalho? Esse objetivo inspirará as pessoas a trabalharem como Luke na faxina no hospital? Precisamos perguntar: "O que?" O produto do nosso trabalho vai de fato gerar um benefício? Os resultados das nossas transações com os clientes são uma soma positiva, na qual os dois lados saem da transação melhor do que entraram? Será muito mais fácil inspirar os nossos funcionários se a resposta a essas perguntas for sim, mesmo que não estejamos salvando vidas ou o planeta, mesmo que estejamos apenas tornando a vida das pessoas a quem servimos pelo menos um pouquinho melhor. E precisamos perguntar: "Como?" Estamos dando aos trabalhadores a liberdade de usar sua inteligência e discernimento para ajudar a resolver os problemas que eles enfrentam todos os dias? Estamos permitindo que eles trabalhem sem supervisão severa, confiando que, como eles querem fazer bem o trabalho, vão fazê-lo?

Estou priorizando aqui a estrutura e os locais de trabalho que as pessoas enfrentam, pois acredito na existência de limites reais para o que se consegue fazer, como indivíduo, em ambientes extremamente hostis à realização de um trabalho significativo. Mas não quero eximir ninguém da responsabilidade. Nem todo faxineiro de hospital encontra significado no seu trabalho, mas Luke e alguns de seus colegas encontraram. Eles fizeram essa mágica por meio do que a pesquisadora Amy Wrzesniewski chama de *job crafting*: fazendo muito mais do que a longa lista de tarefas servis relacionadas na descrição de cargo oficial. Na maior parte das vezes, ou talvez sempre, as pessoas estão em uma situação profissional que lhes possibilita encontrar significado e comprometimento, desde que estejam procurando por eles. Assim, mesmo em situações pouco promissoras, cada um de nós, como indivíduo, pode resistir à ideologia que afirma que não nos importamos com o que o trabalho representa enquanto estivermos sendo bem pagos. Podemos exigir de nós mesmos o esforço de encontrar formas de beneficiar outras pessoas se desempenharmos nossa função com entusiasmo e não com indiferença.

O mundo do trabalho e, portanto, o mundo da experiência humana será muito diferente se nos fizermos essas perguntas a respeito do trabalho que desempenhamos e do que pedimos para os outros fazerem. E a natureza humana será muito diferente também. Permitiremos às pessoas que trabalham para nós viver dias mais enriquecedores, e todos serão beneficiados.

A última pergunta que precisamos fazer é: "Quando?" Estes tempos conturbados são a ocasião certa para tentar modificar o trabalho que realizamos? Não deveríamos esperar até que a economia melhore e fique mais estável? Sempre haverá desculpas para permanecer com o que é familiar. Sempre haverá motivos para resistir à reformulação da nossa concepção de trabalho e da nossa concepção de natureza humana. Mas não acredito que essas sejam boas razões. Na verdade, a transformação do trabalho pode contribuir de maneiras significativas para a prosperidade e a estabilidade do nosso sistema econômico. Mesmo que não coloquemos mais dinheiro no nosso bolso ou mais objetos na nossa casa, ela enriquecerá nossa vida da maneira que realmente importa.

A Revolução Industrial tirou milhões de pessoas da pobreza no mundo ocidental. E agora que ela se disseminou entre pessoas e lugares que não participaram da primeira onda de industrialização, está libertando muitos milhões mais da pobreza. A industrialização é uma realização humana espetacular. Mas, à medida que aliviou a pobreza material, ela cobrou o preço em pobreza de espírito. Talvez esse tenha sido o preço a pagar nos estágios iniciais do desenvolvimento econômico. Mas esse não é mais o caso. Quando se trata de transformação do local de trabalho humano, não há tempo melhor do que o presente.

Em uma entrevista à revista *Rolling Stone* muito anos atrás, o astro do rock Bruce Springsteen disse a respeito da sua carreira de estrondoso sucesso:

> Entendo que é a música que me mantém vivo [...]. Ela é a minha seiva vital. Desistir dela em troca de, por exemplo, TV, carros, casas — esse não é o sonho americano. Esse é o prêmio de consolação, no final. Esses são os prêmios de consolação. E se você se deixar levar por esse tipo de prêmio — se e quando

alcançá-lo, acreditará que é um fim em si mesmo —, terá se iludido. Porque esses são os prêmios secundários, e se você não tomar cuidado, acabará se vendendo ou deixando escapar a sua melhor parte. Então é preciso estar atento. Você precisa levar adiante a sua ideia inicial. E acreditar que está seguindo em direção a um patamar mais alto.

Nós, como sociedade, não deveríamos nos contentar mais com o prêmio de consolação. É hora de exigir de nós mesmos e das pessoas para quem e com quem trabalhamos que procuremos um patamar mais elevado. Juntos podemos expor as ideias sobre a natureza humana que há tanto tempo moldam o local de trabalho como nada além de ideologia. O resultado serão médicos, advogados, professores, cabeleireiros e faxineiros melhores, e pacientes mais saudáveis, alunos mais bem educados e clientes mais satisfeitos. E cada um de nós terá dado um passo na criação de uma natureza humana de acordo com a qual valerá a pena viver.

AGRADECIMENTOS

Penso nas ideias deste livro há mais de quarenta anos. Apesar de ter chegado ao Swarthmore College com um ph.D. e excelente formação em psicologia experimental, minha educação teve início realmente quando comecei a lecionar. Os colegas Richard Schuldenfrei e Hugh Lacey, da filosofia, e Ken Sharpe, da ciência política, me ajudaram a ver que aquilo que eu considerava um conjunto de problemas empíricos bastante restritos na disciplina em que eu fora treinado eram, na verdade, problemas amplos e profundos integrantes de todas as ciências sociais. Sou grato a eles pela paciência em me orientar, e sou grato ao Swarthmore College por promover um ambiente intelectual no qual a interdisciplinaridade e a colaboração são incentivadas e admiradas. Sem esses grandes amigos e professores, não haveria livro algum para eu escrever.

Mais recentemente, fui muito beneficiado pela colaboração de Amy Wrzesniewski e Adam Grant. Como se viu, o trabalho de Amy teve grande destaque neste livro. Além disso, Amy leu uma versão anterior e evitou que eu cometesse algumas omissões.

Devo muito a Chris Anderson, que me deu numerosas oportunidades de apresentar minhas ideias no TED. Quando dei minha primeira palestra no TED, em 2005, não imaginava que milhões de pessoas, de todos os lugares do mundo, iriam assisti-la. Dei minha palestra mais recente no TED em 2013, e dela nasceu este livro. Agradeço a June Cohen por me dar a oportunidade, e a Michelle Quint por me oferecer sugestões editoriais perspicazes. Quero agradecer também a Allison Dworkin por ler o primeiro rascunho do livro e por ter compartilhado comigo sua visão crítica juntamente com o incentivo para responder a ela.

Por fim, quero agradecer a Myrna Schwartz. Myrna e eu somos parceiros na vida há cinquenta anos. Não há nenhuma ideia neste livro que não tenhamos discutido repetidas vezes. Na nossa vida em comum, Myrna tem sido minha referência e minha ouvinte. Ela tem sido também um modelo do que o trabalho pode ser quando é bom.

REFERÊNCIAS E LEITURA COMPLEMENTAR

Nota: Algumas das referências a seguir são obras mencionadas no texto, ao passo que outras oferecem uma perspectiva mais ampla sobre o que o trabalho é e o que ele pode ser. Essas obras mais gerais, algumas das quais podem também ter sido mencionadas no texto, vêm com um asterisco [*] no final da citação.

Anderson, R. C. *Confessions of a Radical Industrialist: Profits, People, Purpose — Doing Business by Respecting the Earth*. Nova York: St. Martin's Press, 2009. [ed. brasileira: *Lições de um empresário radical*. São Paulo: Cultrix, 2011.]

Barley, S. R., e G. Kunda. "Design and Devotion: Surges of Rational and Normative Ideologies of Control in Managerial Discourse". *Administrative Science Quarterly* (1992): 37, 363-99.

Bowles, S. "Policies Designed for Self-Interested Citizens May Undermine 'the Moral Sentiments': Evidence from Economic Experiments". *Science* 320 (2008): 1605-609.*

Cohen, R. C., e R. I. Sutton. "Clients as a Source of Enjoyment on the Job: How Hairstylists Shape Demeanor and Personal Disclosures". In J. A. Wagner, III (ed.), *Advances in Qualitative Organization Research* (pp. 1-32). Greenwich, CT: JAI Press, 1998.*

Darling-Hammond, L. *The Right to Learn*. Nova York: Jossey-Bass, 1997.*

Deci, E. L. *Intrinsic Motivation*. New York: Plenum, 1975.*

Deci, E. L., e R. M. Ryan. *Intrinsic Motivation and Self-Determination in Human Behavior*. Nova York: Plenum, 1985.*

DeVoe, S. E., e J. Pfeffer. "When Time Is Money: The Effect of Hourly Payment on the Evaluation of Time". *Organizational Behavior and Human Decision Processes* 104 (2007): 1-13.

_____. "When Is Happiness About How Much You Earn? The Effect of Hourly Payment on the Money-Happiness Connection". *Personality and Social Psychology Bulletin*, 35 (2009): 1602-18.

Dweck, C. S. *Mindset: The New Psychology of Success*. Nova York: Random House, 2006.* [ed. brasileira: *Mindset — A nova psicologia do sucesso*. Rio de Janeiro: Objetiva, 2017.]

Dweck, C. S., e E. L. Leggett. "A Social-Cognitive Approach to Motivation and Personality". *Psychological Review*, 95 (1988): 256-73.*

Fredrickson, B. *Positivity*. Nova York: MFJ Books, 2009.*

Frey, B. S., e F. Oberholzer-Gee. "The Cost of Price Incentives: An Empirical Analysis of Motivation Crowding Out". *American Economic Review*, 87 (1997): 746-55.

Gallup Organization (2013). *State of the Global Workplace*.

Gawande, A. "The Cost Conundrum". *The New Yorker*, 1 de junho, 2009: 55-68.

Geertz, C. *The Interpretation of Cultures*. Nova York: Basic Books, 1973.*

Gergen, K. J. "Social Psychology as History". *Journal of Personality and Social Psychology*, 26 (1973): 309-20.*

Gneezy, U., e A. Rustichini. "A Fine Is a Price". *Journal of Legal Studies*, 29 (2000): 1-17.

Grant, A. M. "How Customers Can Rally Your Troops". *Harvard Business Review*, junho, 2011: 97-103.

_____. *Give and Take*. Nova York: Viking, 2013.*

Grant, A. M., e D. A. Hofmann. "It's Not All About Me: Motivating Hand Hygiene Among Health Care Professionals by Focusing on Patients". *Psychological Science*, 11 (2011): 1494-99.*

Haidt, J. *The Righteous Mind: Why Good People Are Divided by Politics and Religion*. Nova York: Random House, 2012.*

Heath, C. "On the Social Psychology of Agency Relationships: Lay Theories of Motivation Overemphasize Extrinsic Incentives". *Organizational Behavior and Human Decision Processes*, 78 (1999): 25-62.

Heslin, P. A., G. P. Latham, e D. Vandewalle. "The Effect of Implicit Person Theory on Performance Appraisals". *Journal of Applied Psychology*, 90 (2005):842-56.

_____. "Keen to Help? Managers' Implicit Person Theories and Their Subsequent Employee Coaching". *Personnel Psychology*, 59 (2006): 871-902.

Heyman, J., e D. Ariely. "Effort for Payment: A Tale of Two Markets". *Psychological Science*, 15 (2004): 787-93.

Hilfiker, D. "A Doctor's View of Modern Medicine". *New York Times Magazine*, 23 de fevereiro, 1986: 44-47, 58.

Hirsch, F. *Social Limits to Growth*. Cambridge, MA: Harvard Press, 1976.*

Hodson, R. *Dignity at Work*. Nova York: Cambridge University Press, 2001.*

Judge, T. A., R. F. Piccolo, N. P. Podsakoff, J. C. Shaw, e B. L. Rich. "The Relationship Between Pay and

Job Satisfaction: A Meta-Analysis of the Literature". *Journal of Vocational Behavior*, 77 (2010): 157–67.

Jussim, L. "Self-fulfilling Prophecies: A Theoretical and Integrative Review". *Psychological Review*, 93 (1986): 429–45.

_____. "Teacher Expectations: Self-Fulfilling Prophecies, Perceptual Biases, and Accuracy". *Journal of Personality and Social Psychology*, 57 (1989): 469–80.

Jussim, L., J. Eccles, e S. Madon. "Social Perception, Social Stereotypes, and Teacher Expectations: Accuracy and the Quest for the Powerful Self-Fulfilling Prophecy". *Advances in Experimental Social Psychology*, 28 (1996): 281–388.

Keynes, J. M. *The General Theory of Employment, Interest, and Money* (originalmente publicado em 1936). Nova York: Harcourt, 1965.*

Kohn, A. *Punished by Rewards*. Boston: Houghton Mifflin, 1993.*

Kohn, M. L., e C. Schooler. "Job Conditions and Personality: A Longitudinal Assessment of Their Reciprocal Effects". *American Journal of Sociology*, 87 (1982): 1257–83.

Kronman, A. T. *The Lost Lawyer*. Cambridge, MA: Harvard University Press, 1993.*

Lepper, M. R., e D. Greene (eds.). *The Hidden Costs of Reward*. Hillsdale, New Jersey: Erlbaum, 1978.*

Lepper, M. R., D. Greene, e R. E. Nisbett. "Undermining Children's Intrinsic Interest with Extrinsic Rewards: A Test of the 'Overjustification Hypothesis.'" *Journal of Personality and Social Psychology*, 28 (1973): 129–37.

MacIntyre, A. *After Virtue*. South Bend, IN: University of Notre Dame Press, 1981.*

Madon, S., L. Jussim, e J. Eccles. "In Search of the Powerful Self-Fulfilling Prophecy". *Journal of Personality and Social Psychology*, 72 (1997): 791–809.

Marglin, S. A. "What Do Bosses Do?: The Origins and Functions of Hierarchy in Capitalist Production". *Review of Radical Political Economics*, 6 (1974): 60–112.*

McGregor, D. M. *The Human Side of Enterprise*. Nova York: McGraw-Hill, 1960.*

Merton, R. K. "The Self-Fulfilling Prophecy". *The Antioch Review*, 8 (1948): 193–210.*

Miller, D. T. "The Norm of Self-Interest". *American Psychologist*, 54 (1999): 1053–60.

Nisbett, R. E. *Intelligence and How to Get It: Why Schools and Cultures Count*. Nova York: Norton, 2009.*

Pfeffer, J. *The Human Equation*. Cambridge: Harvard Business Review Press, 1998.*

Pfeffer, J., e S. E. DeVoe. "Economic Evaluation: The Effect of Money and Economics on Time Use Attitudes". *Journal of Economic Psychology*, 30 (2009): 500-8.

Pink, D. Drive: *The Surprising Truth About What Motivates Us*. Nova York: Penguin, 2009.*

Rose, M. *The Mind at Work: Valuing the Intelligence of the American Worker*. Nova York: Viking, 2004.*

Rosenthal, R., e L. Jacobson. *Pygmalion in the Classroom: Teacher Expectation and Pupils' Intellectual Development*. Nova York: Holt, Rinehart & Winston, 1968.

Ross, L., e A. Ward. "Naive Realism in Everyday Life: Implications for Social Conflict and Misunderstanding". In T. Brown, E. S. Reed, e E. Turiel (eds.), *Values and Knowledge*: 103-35. Hillsdale, NJ: Erlbaum, 1996.

Ryan, R. M., e E. L. Deci. "Self--determination Theory and the Facilitation of Intrinsic Motivation, Social Development, and Well-being". *American Psychologist*, 55 (2000): 68-78.*

Schiltz, P. J. "On Being a Happy, Healthy, and Ethical Member of an Unhappy, Unhealthy, and Unethical Profession". *Vanderbilt Law Review*, 52 (1999): 871-918.

Schwartz, B. *The Battle for Human Nature*. Nova York: Norton, 1986.*

_____. *The Costs of Living: How Market Freedom Erodes the Best Things in Life*. Nova York: Norton, 1994.*

_____. "The Creation and Destruction of Value". *American Psychologist*, 45 (1990): 7-15.*

_____. "Psychology, Idea Technology, and Ideology". *Psychological Science*, 8 (1997): 21-7.*

Schwartz, B., e K. Sharpe. *Practical Wisdom*. Nova York: Riverhead, 2010.*

Sen, A. "Rational Fools". *Philosophy and Public Affairs*, 6 (1976): 317-44.

Skinner, B. F. *Science and Human Behavior*. Nova York: Macmillan, 1953.* [ed. brasileira: *Ciência e comportamento humano*. São Paulo: Martins Editora, 2015.]

Smith, A. *The Theory of Moral Sentiments* (publicado originalmente em 1753). Oxford: Clarendon Press, 1976.* [ed. brasileira: *Teoria dos sentimentos morais*. São Paulo: WMF Martins Fontes, 2017].

_____. *The Wealth of Nations* (publicado originalmente em 1776). Nova York: Modern Library, 1937.* [ed. brasileira: *A riqueza das nações*. Rio de Janeiro: Nova Fronteira, 2017.]

Snyder, M., e E. D. Tanke. "Social Perception and Interpersonal Behavior: On the Self-Fulfilling Nature of Social Stereotypes". *Journal of Personality and Social Psychology*, 35 (1977): 655-66.

Sowell, T. *A Conflict of Visions*. Nova York: Morrow, 1987.*

Springsteen, B. Entrevista em *Rolling Stone*, 6 de dezembro, 1984: 18-22, 70.

Stout, L. *Cultivating Conscience*. Princeton, NJ: Princeton University Press, 2011.*

Sullivan, W. M. *Work and Integrity*. Nova York: Jossey-Bass, 2004.*

Taylor, F. W. *The Principles of Scientific Management* (publicado originalmente em 1911). Nova York: Norton, 1967. [ed. brasileira: *Princípios de administração científica*. São Paulo: Atlas, 1990.]

Wrzesniewski, A. "Caring in Constrained Contexts". Manuscrito não publicado, 2009.*

_____, J. E. Dutton. "Crafting a Job: Revisioning Employees as Active Crafters of Their Work". *Academy of Management Review*, 26 (2001): 179-201.*

_____, J. E. Dutton, e G. Debebe. "Interpersonal Sensemaking and the Meaning of Work". *Research in Organizational Behavior*, 25 (2003): 93-135.*

_____, C. McCauley, P. Rozin, and B. Schwartz. "Jobs, Careers, and Callings: People's Relations to Their Work". *Journal of Research in Personality*, 31 (1997): 21-33.*

SOBRE O AUTOR

Barry Schwartz é professor de psicologia no Swarthmore College, na Pensilvânia, Estados Unidos. Ele escreveu dez livros e mais de cem artigos para publicações especializadas. Em 2004, Schwartz publicou *O paradoxo da escolha: por que mais é menos*, que foi considerado um dos 10 melhores livros do ano pelas revistas *Business Week* e *Forbes* e traduzido para 25 idiomas. Desde então, Schwartz vem publicando artigos sobre vários aspectos da sua tese principal em fontes tão variadas quanto *The New York Times, The New York Times Magazine, The Chronicle of Higher Education, Parade, The Atlantic, USA Today, Advertising Age, Slate, Scientific American, The New Republic, Newsday, AARP Bulletin, Harvard Business Review* e *The Guardian*. Ele falou sobre o livro no TED de 2005 e participa de dezenas de programas de rádio e TV, como *Morning Edition* e *Talk of the Nation* (NRP), *Anderson Cooper 360* (CNN), *News Hour with Jim Lehrer* (PBS), *The Colbert Report* e *CBS News Sunday Morning*. Em 2009, Schwartz falou no TED sobre a nossa perda de sabedoria. Posteriormente, publicou um livro sobre esse assunto, *Practical Wisdom* [Sabedoria prática], com o colega Kenneth Sharpe.

ASSISTA À PALESTRA DE BARRY SCHWARTZ NO TED

A palestra TED de Barry Schwartz, disponível gratuitamente no site TED.com, é um complemento de *Trabalhar para quê?*.

Asa Mathat/TED

PALESTRAS RELACIONADAS NO TED.COM

Shawn Achor
O ingrediente secreto para trabalhar melhor
Acreditamos que devemos trabalhar para sermos felizes, mas poderia ser o contrário? Nesta palestra breve e divertida, a felicidade é a inspiração para a produtividade.

Dan Pink
Dan Pink e a surpreendente ciência da motivação
Analista de carreiras, Dan Pink examina o quebra-cabeça da motivação, começando pelo fato que cientistas sociais conhecem, mas a maioria dos gerentes não: recompensas tradicionais não são tão eficientes quanto pensamos. Escute histórias reveladoras — e, quem sabe, um caminho a trilhar.

Tony Robbins
Por que fazemos e que fazemos
Tony Robbins discute as "forças invisíveis" que motivam os atos de todos — com os cumprimentos de Al Gore na primeira fila.

Barry Schwartz
Nossa perda de sabedoria
Barry Schwartz faz um apelo apaixonado pela "sabedoria prática" como um antídoto para uma sociedade enlouquecida com a burocracia. Ele argumenta, com vigor, que as regras normalmente nos atrapalham, os incentivos são um tiro no pé, e que a sabedoria prática, do dia a dia, ajudará a reconstruir o nosso mundo.

CONHEÇA OUTROS TÍTULOS DA COLEÇÃO

A arte da quietude – Aventuras rumo a lugar nenhum, de Pico Iyer
A matemática do amor – Padrões e provas na busca da equação definitiva, de Hannah Fry
A vida secreta dos micróbios – Como as criaturas que habitam o nosso corpo definem hábitos, moldam a personalidade e influenciam a saúde, de Rob Knight com Brendan Buhler
De mudança para Marte – A corrida para explorar o planeta vermelho, de Stephen L. Petranek
Julgue isto., de Chip Kidd
O filho do terrorista – A história de uma escolha, de Zak Ebrahim com Jeff Giles
O futuro da arquitetura em 100 construções, de Marc Kushner
O poder das pequenas mudanças, de Margaret Heffernan

SOBRE O TED

O TED é uma entidade sem fins lucrativos que se destina a divulgar ideias, em geral por meio de inspiradoras palestras de curta duração (dezoito minutos ou menos), mas também na forma de livros, animações, programas de rádio e eventos. Tudo começou em 1984 com uma conferência que reuniu os conceitos de Tecnologia, Entretenimento e Design, e hoje abrange quase todos os assuntos, da ciência aos negócios e às questões globais em mais de cem idiomas.

   O TED é uma comunidade global, que acolhe pessoas de todas as disciplinas e culturas em busca de uma compreensão mais aprofundada do mundo. Acreditamos veementemente no poder das ideias para mudar atitudes, vidas e, por fim, nosso futuro. No *site* TED.com, estamos constituindo um centro de acesso gratuito ao conhecimento dos mais originais pensadores do mundo – e uma comunidade de pessoas curiosas que querem não só entrar em contato com ideias, mas também umas com as outras. Nossa grande conferência anual congrega líderes intelectuais de todos os campos de atividade a trocarem ideias. O programa TEDx possibilita que comunidades do mundo inteiro sediem seus próprios eventos locais, independentes, o ano todo. E nosso Open Translation Project [Projeto de tradução aberta] vem assegurar que essas ideias atravessem fronteiras.

   Na realidade, tudo o que fazemos – da TED Radio Hour aos diversos projetos suscitados pelo TED Prize [Prêmio TED], dos eventos TEDx à série pedagógica TED-Ed – é direcionado a um único objetivo: qual é a melhor maneira de difundir grandes ideias?

   O TED pertence a uma fundação apartidária e sem fins lucrativos.

SOBRE OS TED BOOKS

Os TED Books são pequenas obras sobre grandes ideias. São breves o bastante para serem lidos de uma só vez, mas longos o suficiente para aprofundar um assunto. A série, muito diversificada, cobre da arquitetura aos negócios, das viagens espaciais ao amor, e é perfeita para quem tem uma mente curiosa e vontade de aprender cada vez mais.

Cada título corresponde a uma palestra TED, disponível no *site* TED.com.

Os livros continuam a partir de onde a palestra acaba. Um discurso de dezoito minutos pode plantar uma semente ou gerar uma fagulha na imaginação, mas muitos criam o desejo de se aprofundar, conhecer mais, ouvir a versão mais longa da história. Os TED Books foram criados para atender a essa necessidade.